WOLFGANG WINKELBAUER

Zur Verwaltungsakzessorietät des Umweltstrafrechts

Schriften zum Strafrecht

Band 63

Zur Verwaltungsakzessorietät des Umweltstrafrechts

Von

Dr. Wolfgang Winkelbauer

DUNCKER & HUMBLOT / BERLIN

CIP-Kurztitelaufnahme der Deutschen Bibliothek

Winkelbauer, Wolfgang:
Zur Verwaltungsakzessorietät des Umweltstrafrechts / von Wolfgang Winkelbauer. — Berlin: Duncker und Humblot, 1985.
   (Schriften zum Strafrecht; Bd. 63)
   ISBN 3-428-05837-2

NE: GT

D 21

Alle Rechte vorbehalten
© 1985 Duncker & Humblot GmbH, Berlin 41
Gedruckt 1985 bei Buchdruckerei Bruno Luck, Berlin 65
Printed in Germany
ISBN 3-428-05837-2

Vorwort

Die vorliegende Untersuchung wurde im Sommersemester 1984 von der Juristischen Fakultät der Eberhard-Karls-Universität Tübingen als Dissertation angenommen. Die Anregung hierfür hat mir mein verehrter Lehrer, Prof. Dr. Lenckner, gegeben, der auch den weiteren Fortgang der Arbeit unterstützte und förderte. An dieser Stelle möchte ich ihm dafür herzlich danken. Dank schulde ich auch der Reinhold-und-Maria-Teufel-Stiftung, Tuttlingen, die mir für die Arbeit großzügig einen Preis zuerkannt hat.

Das Manuskript, für dessen Reinschrift ich Frau Heidi Alexi zu danken habe, wurde im Juni 1984 abgeschlossen. Schrifttum und Rechtsprechung sind bis Ende 1984 berücksichtigt.

Wolfgang Winkelbauer

Inhaltsverzeichnis

Einführung 9

1. Abschnitt

Erscheinungsformen der Verwaltungsakzessorietät

I. Tatbestandliche Akzessorietät 11

   1. Begriffliche Akzessorietät 11

   2. Die Verweisung als Form der Akzessorietät 12

   3. Die Blankettechnik 12

II. Die Akzessorietät auf der Rechtfertigungsebene 16

   1. Die dogmatische Einordnung der Begriffe „unbefugt", „unter Verletzung verwaltungsrechtlicher Pflichten", „ohne erforderliche Genehmigung" u. a. 16

   2. Die behördliche Genehmigung 18

   3. Ergebniskontrolle bei den §§ 311 d, 324 ff. 22

2. Abschnitt

Verfassungsrechtliche Probleme der verwaltungsakzessorischen Gesetzesfassung

I. Die Problematik der Einstellung ins Kernstrafrecht 27

   1. Rechtspolitische Gesichtspunkte 27

   2. Die Gesetzesklarheit und Gesetzesbestimmtheit 28

   3. Föderalstaatliche Gesichtspunkte 29

II. Die Problematik der Akzessorietät des Strafrechts vom Verwaltungsrecht 31

1. Rechtspolitische Gesichtspunkte 31
2. Das Rechtsstaats- und Gewaltenteilungsprinzip 32
   - a) Die Akzessorietät auf der Rechtfertigungsebene 33
   - b) Tatbestandliche Akzessorietät 33
     - aa) Die Abhängigkeit von Rechtsverordnungen 33
     - bb) Die Abhängigkeit von Verwaltungsakten 34

3. Abschnitt

Die Auswirkungen von Fehlern im Verwaltungsrecht auf das Strafrecht

I. Fehlerhafte Normen 37

1. Belastende fehlerhafte Normen 38
2. Begünstigende fehlerhafte Normen 38

II. Fehlerhafte Verfügungen 39

1. Fehlerhafte belastende Verwaltungsakte 40
   - a) Nichtige Verwaltungsakte 41
   - b) Wirksame fehlerhafte Verwaltungsakte 41
     - aa) Die Strafbewehrung wirksamer rechtswidriger Verwaltungsakte 41
     - bb) Die Kritik an den Korrekturversuchen 42
     - cc) Die Verwaltungsaktsabhängigkeit als Umschreibung eines Gefährdungssachverhaltes 47
     - dd) Die Korrektur abstrakter Gefährdungsdelikte 50
2. Fehlerhafte begünstigende Verwaltungsakte 66
   - a) Tatbestandsausschließende Verwaltungsakte 67
   - b) Rechtfertigende Verwaltungsakte 68
     - aa) Die rechtfertigende Wirkung wirksamer (rechtswidriger) Verwaltungsakte und die Korrekturversuche der h. M. 68
     - bb) Die rechtfertigende Wirkung materiell rechtmäßiger Verwaltungsakte 72

Schrifttumsverzeichnis 74

Einführung

Durch das 18. StÄG, dem Gesetz zur Bekämpfung der Umweltkriminalität[1], wurden als 28. Abschnitt die „Straftaten gegen die Umwelt" (§§ 324—330 d[2]) ins Strafgesetzbuch eingestellt und die gemeingefährlichen Straftaten wurden durch die §§ 311 d, e (Freisetzen ionisierender Strahlen, fehlerhafte Herstellung einer kerntechnischen Anlage) ergänzt. Diese Straftaten waren bisher — wenn auch modifiziert — in verwaltungsrechtlichen Spezialgesetzen, namentlich im Wasserhaushaltsgesetz (WHG), Bundesimmissionsschutzgesetz (BImSchG), Abfallbeseitigungsgesetz (AbfG), Atomgesetz (AtomG) enthalten.

Der Wunsch des Gesetzgebers, durch die Übernahme dieser Vorschriften aus dem sogenannten Nebenstrafrecht ins Strafgesetzbuch mehr als bisher den „sozialschädlichen Charakter von Umweltstraftaten in das Bewußtsein der Öffentlichkeit" zu rücken[3], hat dazu geführt, daß sich nunmehr wieder — nach Aufhebung der Übertretungstatbestände, namentlich des § 360 StGB a. F. — in größerem Maße Strafvorschriften im Strafgesetzbuch finden, die die Strafbarkeit an einen Verstoß gegen verwaltungsrechtliche Regelungen und Vorschriften knüpfen. Diese gesetzgeberische Konstruktion wird dabei allgemein als „Verwaltungsakzessorietät"[4] bezeichnet, also als Abhängigkeit des Strafrechts von dem vorgegebenen Rahmen des Verwaltungsrechts[5].

Obwohl die Problematik auf den ersten Blick ähnlich erscheint und der Begriff der Akzessorietät des Strafrechts schon lange bekannt ist[6], wurde er beim Übertretungstatbestand des § 360 StGB a. F. nicht verwandt. Vielmehr sprach man dort vom Verwaltungsstrafrecht. Man könnte aber annehmen, daß sich hinter beiden Begriffen das gleiche Phänomen verbirgt. Das ist jedoch nicht der Fall. Der schillernde Be-

---

[1] BGBl. 1980 I 373.

[2] §§ ohne Kennzeichnung sind solche des Strafgesetzbuches in der Fassung der Bekanntmachung vom 2. 1. 1975 (BGBl. I. 1), zuletzt geändert durch das 20. StÄG v. 8. 12. 81 (BGBl. I 1329).

[3] BT-Drs. 8/3633 S. 19.

[4] Vgl. z. B. *Laufhütte/Möhrenschlager* ZStW 92, 919, *Rogall* JZ-GD 1980, 104 f., Schönke/Schröder/*Cramer* 15 vor §§ 324 ff., *Horn* SK 7 vor § 324, *Tiedemann*, Neuordnung, S. 27.

[5] *Jescheck*, Strafrecht, S. 41.

[6] Vgl. z. B. *Beling*, Methode der Gesetzgebung, S. 30, *Bruns* S. 57 ff., *Binding*, Handbuch, S. 9.

griff des Verwaltungsstrafrechts, über den nie Einigkeit erzielt wurde[7], hat — jedenfalls in dem hier verstandenen Sinn — zwar mit dem der Verwaltungsakzessorietät gemein, daß die Strafbarkeit von verwaltungsrechtlichen Entscheidungen und Normen abhängt[8], jedoch besteht ein entscheidender Unterschied: Als Verwaltungsstrafrecht wurden vor Einführung eines besonderen Ordnungswidrigkeitenrechts solche Strafnormen bezeichnet, die nicht unmittelbar Rechtsgüter schützten und als deren Strafgrund der verwaltungsrechtliche Ungehorsam angesehen wurde[9]. Die Sanktionierung des bloßen Ungehorsams wollte man vom Kriminalstrafrecht, das Rechtsgutsverletzungen pönalisiert, durch die Einordnung dieser Strafvorschriften unter dem Begriff des Verwaltungsstrafrechts abgrenzen. Damit wird der Unterschied zur Verwaltungsakzessorietät des Umweltstrafrechts deutlich: Die §§ 311 d, 324 ff. schützen mit den Medien der Umwelt (Wasser, Luft, Boden) und ihren sonstigen Erscheinungsformen (Pflanzen- und Tierwelt)[10] Rechtsgüter; wenn dennoch bei den meisten Tatbeständen der Täter „unbefugt" (§§ 324, 326), „unter Verletzung verwaltungsrechtlicher Pflichten" (§§ 311 d, 325), „ohne erforderliche Genehmigung" (§§ 327, 328) usw. handeln muß, um sich strafbar zu machen, so bedeutet das nicht, daß die genannten Vorschriften Sanktionsnormen für verwaltungswidriges Verhalten darstellen[11]. Dies hat andere Gründe: Einerseits machte es die Komplexität der Materie unmöglich, allein durch selbständige Umschreibung im Straftatbestand die umweltschädigende Handlung zu erfassen, vielmehr mußte hierzu ergänzend auf das Umweltverwaltungsrecht zurückgegriffen werden[12]. Andererseits glaubte man, schon aus Gründen der Einheit der Rechtsordnung einen Gleichlauf mit dem Umweltverwaltungsrecht herstellen zu müssen[13].

---

[7] Vgl. z. B. *Dohna*, Verwaltungsarchiv 30, 240 f., *Goldschmidt* S. 577, *Neumann* S. 69.
[8] Vgl. *Göhler/Buddendiek/Lenzen* S. 10.
[9] *Binding*, Normen, S. 204, *Göhler/Buddendiek/Lenzen* S. 9 f.; aber auch dem Verwaltungsstrafrecht liegt — jedenfalls mittelbar — ein Rechtsgüterschutz zugrunde, vgl. *Neumann* S. 71.
[10] Schönke/Schröder/*Cramer* 8 vor §§ 324 ff.
[11] *Horn* SK § 325 RN 3.
[12] BT-Drs. 8/2382 S. 10.
[13] *Laufhütte/Möhrenschlager* ZStW 92, 918 f., *Rogall* JZ-GD 1980, 104, *Schild* Jura 1979, 425.

1. Abschnitt

Erscheinungsformen der Verwaltungsakzessorietät

Der Verwaltungsakzessorietät im Umweltstrafrecht liegt strafrechtsdogmatisch betrachtet keine einheitliche Regelung zugrunde. Vielmehr kamen für den Gesetzgeber verschiedene Regelungsmöglichkeiten in Betracht, derer er sich auch bedient hat. Insbesondere wäre es zu eng, nur da von Akzessorietät zu sprechen, wo Strafvorschriften an verwaltungsrechtliche Einzelregelungen anknüpfen (sog. Verwaltungs*akt*akzessorietät)[14]. Außerdem wurde eine Akzessorietät sowohl auf der Ebene des Tatbestandes wie auf der Rechtswidrigkeitsebene hergestellt[15]. Von der Möglichkeit, die durchaus vorhanden gewesen wäre, sie auf der Ebene der Schuld im Verbrechensaufbau einzustellen[16], wurde dagegen kein Gebrauch gemacht.

I. Tatbestandliche Akzessorietät

Bereits auf der Ebene des Tatbestandes bieten sich verschiedene Möglichkeiten der Akzessorietät.

1. Begriffliche Akzessorietät

Eine — allerdings am wenigsten zwingende — Form der Akzessorietät wird durch die Verwendung von Begriffen erreicht, die aus dem Umweltverwaltungsrecht übernommen werden mit der Folge, daß ihre Auslegung in den Verwaltungsgesetzen auch für die Straftatbestände bestimmend wird[17]. Man kann dies als begriffliche Akzessorietät bezeichnen[18]. Als Beispiele seien genannt die Begriffe „Gewässer" (§ 324 und § 1 WHG), „Veränderung der natürlichen Zusammensetzung der Luft" (§ 325 und § 3 Abs. 3 BImSchG), „Abfälle" (§ 326 und § 1 AbfG), „Wasserschutzgebiet" (§ 329 und § 19 WHG), „Naturschutzgebiet" (§ 329 und § 13 BNatSchG).

---

[14] *Laufhütte/Möhrenschlager* ZStW 92, 919 Fn. 24.
[15] *Laufhütte/Möhrenschlager* ZStW 92, 919.
[16] *Triffterer*, Umweltstrafrecht, S. 84, 90.
[17] BT-Drs. 8/2382 S. 10.
[18] *Bruns* S. 52.

Die Verwendung gleichlautender Begriffe im Umweltverwaltungs- und Umweltstrafrecht zwingt aber weder nach der Intention des Gesetzgebers — so wurde etwa bei § 325 Abs. 1 bewußt dem Begriff der „Anlage" eine andere, weitergehendere Bedeutung beigelegt als in der verwaltungsrechtlichen Vorschrift des § 3 Abs. 5 BImSchG[19] — noch nach allgemeinen Auslegungsregeln dazu, diese Begriffe gleich auszulegen[20].

Eine solche nur eingeschränkte begriffliche Akzessorietät kann allerdings dann nicht angenommen werden, wenn der aus dem Verwaltungsrecht übernommene Begriff Tatbestandswirkung entfaltet. Dies trifft z. B. für „Wasserschutzgebiet", „Heilquellen-" (§ 329 Abs. 2), „Naturschutzgebiet" (§ 329 Abs. 3) zu, denn außer dem Vorliegen gewisser tatsächlicher Umstände und Zustände (vgl. § 19 WHG, §§ 38, 40 bad.-württ. WG, § 13 BNatSchG) ist erforderlich, daß diese Gebiete von der Verwaltungsbehörde mit konstitutiver Wirkung festgesetzt werden (§ 19 WHG, §§ 39, 40, 110 bad.-württ. WG, § 13 BNatSchG, § 21 bad.-württ. NatSchG)[21].

Diese Begriffe sind deshalb im Strafrecht einer anderen Auslegung als in den einschlägigen Verwaltungsgesetzen nicht zugänglich und insoweit etwa vergleichbar mit dem Merkmal der „gesetzlichen Unterhaltspflicht" in § 170 b[22].

2. Die Verweisung als Form der Akzessorietät

Eine Anpassung des Umweltstrafrechts an das Verwaltungsrecht wird auch dadurch erreicht, daß im Strafrecht auf das Verwaltungsrecht verwiesen wird (§ 327 Abs. 2: Anlagen i. S. d. BImSchG, AbfG) mit der Folge, daß der Inhalt des jeweiligen Verwaltungsgesetzes vom Strafgesetz übernommen wird[23].

3. Die Blankettechnik

Von der Verweisung zu unterscheiden ist die Blankettechnik[24], die sich als das traditionelle Mittel verwaltungs- und nebenstrafrecht-

---

[19] BT-Drs. 8/2382 S. 34 und vgl. z. B. *Dreher/Tröndle* § 325 RN 2, *Rogall* JZ-GD 1980, 109.
[20] *Larenz* S. 308, *Bruns* S. 111 ff.; vgl. auch den Streit um den *Abfallbegriff* im Umweltverwaltungsrecht einerseits und im Umweltstrafrecht andererseits (BT-Drs. 8/2382 S. 33, 35, *Lackner* § 326 Anm. 2 a m. w. N.).
[21] Vgl. auch *Wernicke* NJW 1977, 1667.
[22] Vgl. dazu Schönke/Schröder/*Lenckner* § 170 b RN 2, *Schröder* JZ 1959, 336.
[23] Zur Verweisung als Mittel der Gesetzesanpassung vgl. *Karpen* S. 14.
[24] So auch *Karpen* S. 86; wohl auch *Ossenbühl* DVBl. 1967, 404; and. *Bullinger* S. 21.

I. Tatbestandliche Akzessorietät

licher Gesetzgebungstechnik[25] zur Lösung der anstehenden Problematik besonders eignet: Eine auf der Tatbestandsseite mehr oder weniger vollständige Strafrechtsnorm (Blankettstrafgesetz) wird durch einen Rechtssatz oder eine Verfügung aus dem Gebiet des Umweltverwaltungsrechts ergänzt (Blankettausfüllung)[26].

Im Unterschied zur Verweisung wird jedoch die Blankettausfüllung nicht Bestandteil des Strafgesetzes[27]. Während die Verweisung nur die Wiederholung des Gesetzestextes, auf den verwiesen wird, ersparen soll[28], also ein Mittel der Gesetzesvereinfachung ist, dient die Blanketttechnik anderen Zwecken: Mit ihr sollen „bestimmte Ge- oder Verbote, deren Anpassung an zeitlich oder örtlich schwankende Verhältnisse nötig ist, mit einem einheitlichen Strafschutz" ausgestattet werden[29].

Es wäre jedoch vorschnell, alle Vorschriften, bei denen für die Strafbarkeit ein Handeln gegen (verwaltungsrechtliche) Rechtsvorschriften (§ 311 d Abs. 4 1. Alt.) oder Maßnahmen (§§ 311 d Abs. 4, 325 Abs. 4) oder ohne erforderliche Genehmigung (§§ 325 Abs. 4, 327 Abs. 1, Abs. 3, 328) erforderlich ist, als unvollständige Strafvorschriften und den Inhalt der Maßnahmen und Genehmigungen als Blankettausfüllung anzusehen. Vielmehr könnte man auch an einen vollständigen Tatbestand denken, wobei z. B. die „Verletzung verwaltungsrechtlicher Pflichten" (§§ 311 d Abs. 4, 325 Abs. 4) Tatbestandsmerkmal wäre. Außerdem könnten die verwaltungsrechtlichen Regelungen — wie bereits angesprochen — erst auf der Rechtswidrigkeitsebene Bedeutung erlangen.

Hier gilt deshalb folgendes: Sind die verwaltungsrechtlichen Pflichten als Normen (vgl. § 311 d Abs. 4 1. Alt.) geregelt, so sind sie Blankettausfüllungen einer unvollständigen Strafnorm, da sie den Inhalt des Straftatbestandes näher ausgestalten[30]. Wird dagegen bei den §§ 311 d, 324 ff. auf Einzelakte (Verwaltungsakte) Bezug genommen, so liegen keine Strafblankette vor.

Zwar können ausnahmsweise auch Verwaltungsakte Strafblankette ausfüllen[31], jedoch setzt dies voraus, daß das unvollständige Gesetz es der behördlichen Maßnahme überläßt, die Zuwiderhandlung im einzelnen zu bezeichnen; also die Strafvorschrift etwa lautet: „Wer einer dem Schutz der Umwelt dienenden Anordnung zuwider handelt, wird

---

[25] *Tiedemann*, Neuordnung, S. 10.
[26] Vgl. z. B. *Warda*, Abgrenzung, S. 5.
[27] *Peters/Ossenbühl* S. 73.
[28] *Karpen* S. 18.
[29] *Warda*, Abgrenzung, S. 9.
[30] *Warda*, Abgrenzung, S. 19.
[31] *Lohberger* S. 18, *Neumann* S. 49, *Oetker* GS 64, 160, *Warda*, Abgrenzung, S. 19, *Weidenbach* S. 10.

bestraft"[32] und diese Norm nicht den bloßen Ungehorsam gegenüber der staatlichen Anordnung bestrafen will[33].

Beschreibt dagegen, wie bei den meisten Umweltdelikten, der Straftatbestand selbst das verbotene Verhalten nach dem Muster „wer einer behördlichen Anordnung zuwider Strahlen freisetzt, Luft verschmutzt, Lärm verursacht usw.", so stellt die Anordnung ein Tatbestandsmerkmal[34] oder einen Hinweis auf einen möglichen Rechtfertigungsgrund durch behördliche Erlaubnis dar. Hier ein Strafblankett annehmen zu wollen, würde dessen Zweck, nämlich der Behörde die Ausgestaltung des Straftatbestandes zu überlassen[35], verkennen, da die Behörde keinen Gestaltungsspielraum hat. Ihr Handeln beschränkt sich darauf, einen bestimmten Verwaltungsakt zu erlassen, gegen den der Täter verstoßen muß, um den Tatbestand zu erfüllen bzw. um rechtswidrig zu handeln; nicht aber gestaltet dieser Verwaltungsakt den Straftatbestand in seinen Voraussetzungen weiter aus[36]. Dies führt zu dem zunächst befremdlich anmutenden Ergebnis, daß bei § 311 d, soweit die verwaltungsrechtlichen Pflichten durch Rechtsvorschriften konkretisiert werden (§ 311 d Abs. 4 1. Alt.), ein unvollständiges Strafblankett vorliegt, während § 311 d in den übrigen Fällen einen vollständigen Tatbestand darstellt. Indes ist dieses Phänomen bereits seit Anfang dieses Jahrhunderts bekannt[37] und es läßt sich einfach damit erklären, daß ein vollständiges Strafgesetz und ein Blankettstrafgesetz gesetzestechnisch in einem Paragraphen zusammengefaßt sind.

Das Gebot, nicht vorschnell ein Blankettstrafgesetz anzunehmen, gilt aber nicht nur bei den Tatbeständen, bei denen behördliche Verfügungen Voraussetzung für die Strafbarkeit sind, sondern bedeutet auch, nicht in jedem normativen Tatbestandsmerkmal, das sich nur aufgrund einer verwaltungsrechtlichen Wertung erfassen läßt, ein Strafblankett zu sehen (z. B. „zugelassene Anlage", „vorgeschriebenes Verfahren" bei § 326, „Wasser-, Heilquellenschutz- und Naturschutzgebiet" in § 329).

Allerdings ist hier eine Abgrenzung schwierig und läßt sich auch nicht immer eindeutig finden[38]. Dies zeigt sich schon bei bisherigen Vorschriften: So ist zumindest zunächst nicht einzusehen, weshalb § 356

---
[32] *Warda*, Abgrenzung, S. 19.
[33] So z. B. §§ 360, 367 a. F. StGB, vgl. dazu *Neumann* S. 30.
[34] *Oetker* GS 64, 160, *Warda*, Abgrenzung, S. 19.
[35] *Warda*, Abgrenzung, S. 18.
[36] *Kääb/Rösch*, Einf. RN 232, *Lagemann* S. 21.
[37] *Oetker* GS 64, 161 spricht von „Mischgesetzen", ihm folgend *Warda*, Abgrenzung, S. 20; and. *Lohberger* S. 42, *Karpen* S. 99 f., *Weidenbach* S. 33, die die Notwendigkeit einer Differenzierung leugnen und in beiden Fällen eine Blankettnorm annehmen.
[38] *Karpen* S. 99, Schönke/Schröder/*Cramer* § 15 RN 99.

I. Tatbestandliche Akzessorietät

ein Strafblankett darstellen soll, bei dem das *pflichtwidrige* Dienen durch die Bundesrechtsanwaltsordnung (BRAO) ausgefüllt wird[39], die *fremde* Sache in §§ 242, 246 dagegen ein normatives Tatbestandsmerkmal[40], obwohl sich das Merkmal „fremd", ebenso wie „pflichtwidrig", nur aufgrund eines anderen Gesetzes, nämlich dem BGB, erschließen läßt.

Zu dieser Unterscheidung findet man Zugang, wenn man sich Sinn und Zweck der Blankettgesetze in Erinnerung ruft, nämlich die Strafbewehrung durch andere Stellen erlassener Ge- und Verbote. Dann wird deutlich, daß ein Blankett nur vorliegt, wenn die ausfüllende Norm, wie etwa § 45 Nr. 2 BRAO, ein Ge- oder Verbot aufstellt, nicht aber wenn sie nur beschreibenden Inhalts ist[41], wie die Übereignungsvorschriften des Zivilrechts.

Auf das Umweltstrafrecht übertragen bedeutet dies: *§ 326* ist ein Strafblankett, da die Merkmale *„zugelassene"* Anlage oder *„vorgeschriebenes oder zugelassenes"* Verfahren auf die Gebote über die Abfallbeseitigung im Umweltverwaltungsrecht verweisen[42] (§ 4 AbfG, §§ 5, 6 TierkörperbeseitigungsG; vgl. z. B. § 5 Abs. 2 S. 2: Tierkörper müssen so vergraben werden, daß ...).

Für die schutzbedürftigen Gebiete des *§ 329* (Abs. 1: „Smog-Gebiet", Abs. 2: Wasser- und Heilquellenschutzgebiet, Abs. 3: Naturschutzgebiet) gilt folgendes: Das Wasser-, Heilquellen-, Naturschutzgebiet oder der Nationalpark sind normative Tatbestandsmerkmale, da die sie begründenden Rechtsverordnungen (§ 110 bad.-württ. WG, § 21 bad.-württ. NatSchG), soweit es um die Abgrenzung des geschützten Gebietes geht, nur beschreibenden Inhalts sind.

Nichts anderes gilt aber auch für die durch § 329 Abs. 1 geschützten Gebiete nach § 49 Abs. 1 BImSchG. Zwar ist dort das Gebiet durch die Formulierung des § 329 Abs. 1 („wer entgegen einer aufgrund des BImSchG erlassenen Rechtsverordnung über ein Gebiet, das eines besonderen Schutzes vor schädlichen Umwelteinwirkungen durch Luftverunreinigungen ... bedarf ..., Anlagen innerhalb des Gebiets betreibt, wird ... bestraft".) so umschrieben, daß man zunächst an ein Strafblankett denken könnte. In Wahrheit ist aber die Rechtsverordnung, soweit sie das geschützte Gebiet beschreibt, nicht anders — und damit ebenso wie § 329 Abs. 2, Abs. 3 — zu behandeln, als wenn im

---

[39] BGHSt 3, 402, 5, 287, 7, 261 (263).
[40] Vgl. z. B. *Samson* SK § 242 RN 2.
[41] Ebenso, allerdings ohne Begündung, *Lohberger* S. 17 f., *Warda*, Abgrenzung, S. 6 f., *Weidenbach* S. 22.
[42] Ebenso wohl Schönke/Schröder/*Lenckner* § 326 RN 14; and., jedoch ohne Begründung, *Horn* SK § 326 RN 15, *Lackner* § 326 Anm. 5, 3 b, *Sack* § 326 StGB RN 173 (normatives Tatbestandsmerkmal).

Gesetz das Kürzel „Smog-Gebiet" verwandt worden wäre. Ein Strafblankett stellt § 329 nur insoweit dar, als die Rechtsverordnungen nach § 49 Abs. 1 BImSchG, § 110 bad.-württ. WG, § 21 bad.-württ. NatschG Verhaltensge- oder -verbote für die geschützten Gebiete aufstellen, weil dadurch das verbotswidrige Verhalten des § 329 näher konkretisiert wird[43].

Damit lassen sich auch Irrtumsfälle befriedigend lösen: Die Nichtkenntnis der Tatsache, daß es sich bei einem bestimmten Gebiet um ein Naturschutzgebiet handelt, ist Tatbestandsirrtum[44]; dagegen ist die Nichtkenntnis des Inhalts der durch die Rechtsverordnung für dieses Gebiet erlassenen Schutzverordnungen nach den Grundsätzen über den Blankettirrtum[45] Verbotsirrtum[46].

Zusammenfassend läßt sich damit feststellen, daß von einer Anhäufung von Blankettatbeständen, insbesondere solcher, die durch Einzelakte der Verwaltung ausgefüllt werden[47], keine Rede sein kann, allerdings soll damit nicht behauptet werden — darauf wird unten noch zurückzukommen sein —, daß damit alle Einwände, insbesondere die gegen die Verwaltungsaktakzessorietät, beseitigt wären.

II. Die Akzessorietät auf der Rechtfertigungsebene

1. Die dogmatische Einordnung der Begriffe „unbefugt", „unter Verletzung verwaltungsrechtlicher Pflichten", „ohne erforderliche Genehmigung" u. a.

Damit ist aber noch nicht geklärt, ob die Begriffe „unbefugt", „unter Verletzung verwaltungsrechtlicher Pflichten", „ohne erforderliche Genehmigung" u. a., soweit sie die Norm nicht zum Strafblankett machen, Tatbestandsmerkmale sind oder ihr Nichtvorliegen, also eine Befugnis, Genehmigung usw. ein Rechtfertigungsgrund ist.

Nach überwiegender Ansicht soll, meist unter Berufung auf die Entstehungsgeschichte, das Merkmal „unbefugt" (§§ 324, 326) allgemeines Deliktsmerkmal der Rechtswidrigkeit sein[1], während die Merkmale

---

[43] Ebenso Schönke/Schröder/*Eser* § 329 RN 48, *Horn* SK § 329 RN 5, *Sack* § 329 StGB RN 92.
[44] Vgl. etwa Schönke/Schröder/*Cramer* § 15 RN 95 ff.
[45] Soweit § 329 die Strafbarkeit von einer Zuwiderhandlung gegen vollziehbare Anordnungen abhängig macht (§ 329 Abs. 1 S. 2, Abs. 3 2. Alt.), stellen diese Verwaltungsakte Tatbestandsmerkmale dar, so daß es sich bei § 329 ebenfalls um ein sog. Mischgesetz handelt.
[46] Ebenso *Dreher/Tröndle* § 329 RN 17; and. wohl aber Schönke/Schröder/*Eser* § 329 RN 48, *Sack* § 329 StGB RN 92.
[47] So insbes. *Lackner* Anm. 1 b bb vor § 324, Schönke/Schröder/*Cramer* 4 vor §§ 324 ff.
[1] *Dreher/Tröndle* § 324 RN 7, § 326 RN 10, *Horn* SK § 324 RN 6, § 326 RN 17,

II. Die Akzessorietät auf der Rechtfertigungsebene

„unter Verletzung verwaltungsrechtlicher Pflichten" (§§ 311 d, 325), „ohne erforderliche Genehmigung" (§§ 327, 328). usw. bereits den Tatbestand einschränken sollen[2]. Abgesehen davon, daß die Entstehungsgeschichte, soweit sie jedenfalls das Merkmal „unbefugt" betrifft, nicht eindeutig ist[3], wäre sie auch für die dogmatische Einordnung eines Merkmals nicht zwingend[4], vielmehr müßte sich ein sachlicher Grund für die unterschiedliche Einordnung der verschiedenen, die Verwaltungsakzessorietät sichernden Merkmale finden lassen.

Daß die Differenzierung dabei nicht an die Wortwahl des Gesetzgebers anknüpfen darf, ergibt sich schon aus dem Gesetzgebungsverfahren: So wurde bei § 330 Abs. 1 Nr. 2 das ursprünglich im Entwurf enthaltene Merkmal „unbefugt"[5] ohne sachlichen Grund ersetzt durch „wer ... gegen eine Rechtsvorschrift, vollziehbare Untersagung, Anordnung oder Auflage verstößt ...", nur um die „unschöne Divergenz mit den Grundtatbeständen der §§ 311 d, 325 zu vermeiden"[6]. Die Fragestellung hat deshalb nicht zu lauten, ob „unbefugt" einerseits und „unter Verletzung verwaltungsrechtlicher Pflichten" usw. andererseits Tatbestands- oder allgemeines Verbrechensmerkmal ist, sondern es ist unabhängig von den jeweils verwandten Begriffen danach zu fragen, ob mit dem Umweltverwaltungsrecht in Einklang stehendes Verhalten bei den §§ 311 d, 324 ff. den Tatbestand ausschließt oder rechtfertigt.

Hier gilt es allerdings noch auf folgendes hinzuweisen: Selbstverständlich gibt es „befugtes Handeln", das keinesfalls den Tatbestand auszuschließen vermag, nämlich dann, wenn sich die Befugnis aus allgemeinen Rechtfertigungsgründen (etwa § 34) ergibt. Tatbestandsausschließend kann allenfalls die verwaltungsrechtliche Befugnis sein[7], wenn also das Merkmal „unbefugt" durch das „ohne behördliche Genehmigung" ersetzt werden könnte[8].

Lackner § 324 Anm. 5, § 326 Anm. 6, *Sack* § 324 StGB RN 59 ff., § 326 StGB RN 145, Schönke/Schröder/*Cramer* 14 vor §§ 324 ff., § 324 RN 11, *Tiedemann*, Neuordnung, S. 25, *Triffterer*, Umweltstrafrecht, S. 92 f. (der es deshalb für überflüssig hält).

[2] *Dreher/Tröndle* § 325 RN 3, § 327 RN 3, *Horn* SK § 325 RN 3, 10, § 327 RN 4, § 328 RN 4, *Lackner* § 325 Anm. 2 c aa, § 327 Anm. 2, *Laufhütte/Möhrenschlager* ZStW 92, 912, *Sack* § 325 StGB RN 24, 120, Schönke/Schröder/*Cramer* 13 vor §§ 324 ff., § 327 RN 11, Schönke/Schröder/*Stree* § 325 RN 7.

[3] BT-Drs. 8/2382 S. 14.

[4] *Larenz* S. 377.

[5] BT-Drs. 8/2382 S. 5.

[6] BT-Drs. 8/3633 S. 34, *Tiedemann*, Neuordnung, S. 26, AP II/70.

[7] Das Merkmal „unbefugt" hätte hier eine sog. *Doppelfunktion*, vgl. dazu *Goll* S. 3 ff., 6 ff., Schönke/Schröder/*Lenckner* 65 vor § 13, § 201 RN 13, § 203 RN 21.

[8] Schönke/Schröder/*Cramer* 14 vor § 324; vgl. aber *Armin Kaufmann*, Klug-Festschrift II S. 282, 288.

2. Die behördliche Genehmigung

Die Frage des Tatbestandsausschlusses oder der Rechtfertigung bei verwaltungskonformem Verhalten hängt entscheidend von der Bedeutung der behördlichen Befugnis für die durch die §§ 311 d, 324 ff. geschützten Rechtsgüter ab. Ein Tatbestandsausschluß wäre dann gegeben, wenn z. B. die Freisetzung menschengefährdender ionisierender Strahlen (§ 311 d), eine für den Menschen gefährliche Veränderung der natürlichen Zusammensetzung der Luft oder Verursachung von Lärm (§ 325), eine Verunreinigung von Gewässern (§ 324), die Beseitigung von „Sondermüll" außerhalb zugelassener Deponien (§ 326), das Betreiben einer kerntechnischen Anlage (§ 327) usw. die geschützten Rechtsgüter nur dann verletzten, sofern diese Handlungen verwaltungsrechtlichen Regelungen widersprächen. Die verwaltungsrechtliche Genehmigung würde dann dem tatbestandsausschließenden Einverständnis entsprechen[9].

Verwaltungskonformes Verhalten würde dagegen „nur" rechtfertigen, wenn das fragliche Verhalten das Rechtsgut zwar verletzte, die Verwaltung aber durch die Genehmigung die Verletzung ausnahmsweise erlauben würde, wobei man in einer solchen Genehmigung entweder das Rechtfertigungsprinzip des überwiegenden Interesses[10] — wie etwa bei § 34 —, oder das des im Einzelfall weichenden Interesses[11] — entsprechend der rechtfertigenden Einwilligung — sehen könnte.

Nach der bisher h. M. kann deshalb ein Tatbestandsausschluß nur dann vorliegen, wenn das im Tatbestand umschriebene Verhalten sozialadäquat ist und das Erfordernis der Genehmigung nur den Sinn hat, die Kontrolle über möglicherweise entstehende Gefahren zu ermöglichen[12]. In diese Kategorie ließe sich von den oben genannten Tatbeständen nur das unerlaubte Betreiben kerntechnischer Anlagen einordnen (wenn man richtigerweise unterstellt, daß § 327 nur das Genehmigungsverfahren sicherstellen und nicht grundsätzlich Anlagen dieser Art verbieten will), nicht aber § 311 d oder § 325 oder gar erst die Fälle des konkreten Gefährdungsdelikts des § 330. Dennoch nimmt die h. M. auch dort einen Tatbestandsausschluß an[13].

---

[9] *Dreher/Tröndle* 5 vor § 32.
[10] *Goldmann* S. 81, *Jescheck*, Strafrecht, S. 296, *Rudolphi* ZfW 1982, 201 m. w. N.
[11] *Dreher/Tröndle* 5 vor § 32, *Bickel* ZfW 1979, 146, Schönke/Schröder/*Lenckner* 28 vor § 32.
[12] *Blei* I S. 141, *Goldmann* S. 92 ff., *Hirsch* LK^9 140 vor § 51, *Jescheck*, Strafrecht, S. 296, Schönke/Schröder/*Lenckner* 62 vor § 32.
[13] s. o. II.1.

II. Die Akzessorietät auf der Rechtfertigungsebene

Dieser Widerspruch wurde auch durchaus schon erkannt[14]. Um ihm begegnen zu können, könnte man den Grundsatz allgemeiner dahingehend formulieren, daß verwaltungskonformes Verhalten den Tatbestand immer dann ausschließe, wenn dessen Unrechtsmaterie erst im Falle der Verwaltungswidrigkeit gegeben sei[15], wobei man aber noch einen weiteren Schritt tun müßte, um bei den genannten Tatbeständen zum Tatbestandsausschluß zu kommen. Zunächst sind nämlich mit der Verunreinigung des Gewässers (§ 324), dem menschengefährdenden Freisetzen ionisierender Strahlen (§ 311 d), der menschengefährdenden Luftverunreinigung und Lärmverursachung (§ 325) oder gar der konkreten Menschengefährdung durch die genannten Handlungen (§ 330) bereits alle Merkmale so beschrieben, daß sie den spezifisch strafrechtlichen Unwertgehalt einer Strafvorschrift ausfüllen können[16]. Dieser Schritt könnte dahingehen, im Strafrecht dem Rechnung zu tragen, daß die „Behörden sie (die Umwelt) mit mannigfachen Gestaltungs-, Kontroll- und Zwangsrechten verwalten"[17] mit der Folge, daß die §§ 311 d, 324 ff. die Umwelt nur soweit schützen, als ihr die Verwaltung im Rahmen des Umweltverwaltungsrechts Schutz zukommen lassen will; geschütztes Rechtsgut also nicht die natürliche Umwelt, sondern — um es mit einem Schlagwort auszudrücken — die „verwaltete Umwelt" ist. Die nachteilige Veränderung der Umwelt würde dann, soweit sie sich in verwaltungsrechtlichen Bahnen bewegt, die Unrechtsmaterie der Strafvorschriften nicht erfüllen.

Aber auch damit läßt sich das Ergebnis der herrschenden Meinung nicht begründen, da sie nicht zu klären vermag, warum etwa § 325, der neben einer Umweltverletzung immerhin noch die Eignung einer Gesundheitsschädigung verlangt, nur die „verwaltete" Luft schützen will, während § 324 das Wasser unabhängig vom Behördenwillen schützen soll, obwohl die Behörden die Gewässer bewirtschaften (§ 1 a WHG) und — anders als bei § 325 — eine Gesundheitsbeschädigungseignung zur Tatbestandsverwirklichung nicht vorzuliegen braucht.

Außerdem widerspräche ein auf die „verwaltete" Umwelt beschränkter Schutz dem Schutzzweck der §§ 311 d, 324 ff., die dadurch zu Sanktionsnormen gegen Verstöße gegen Umweltverwaltungsmaßnahmen degradiert würden[18]. Damit wäre den so zahlreich beschworenen Gefahren der Verwaltungsakzessorietät, auf die noch zurückzukommen sein wird, Tür und Tor geöffnet. Dem Umstand, daß in unserer hoch-

---

[14] Schönke/Schröder/*Lenckner* 62 vor § 32; widersprüchlich deshalb *Horn* SK § 325 RN 3.
[15] *Dreher/Tröndle* 5 vor § 32.
[16] Schönke/Schröder/*Lenckner* 48 vor § 32.
[17] *Horn* SK § 325 RN 3.
[18] *Rüdiger* S. 82, *Triffterer* ZStW 91, 334.

industrialisierten und liberalen Gesellschaft auf viele umweltschädigende Verhaltensweisen nicht ohne weiteres verzichtet werden kann und diese deshalb durch das Verwaltungsrecht genehmigt sind, muß im Strafrecht anderweitig und nicht bereits durch eine Beschränkung des Rechtguts auf die „verwaltete" Umwelt Rechnung getragen werden. Dies zeigt auch ein Blick auf den Willen des Gesetzgebers, da andernfalls die von ihm im Umweltstrafrecht nach allgemeinen Grundsätzen gewünschte Strafbarkeit von Amtsträgern[19] nicht möglich wäre.

Dies bedeutet jedoch nicht, daß die Problematik der Verwaltungsakzessorietät generell auf der Ebene der Rechtswidrigkeit gelöst werden müßte. Für die Differenzierung von Tatbestandsausschluß oder Rechtfertigung bei verwaltungskonformem Verhalten bietet sich vielmehr folgende Lösung an:

Verstößt ein umweltstrafrechtlich erhebliches Verhalten deshalb nicht gegen das Verwaltungsrecht, weil es erlaubnisfrei (und etwa nur anzeigepflichtig) ist oder die „Unbedenklichkeitsbescheinigung" bei einem präventiven Verbot mit Erlaubnisvorbehalt[20] erteilt wurde, so ist bei verwaltungskonformem Verhalten bereits der Tatbestand ausgeschlossen. Ergibt sich die verwaltungsrechtliche Befugnis dagegen aus einem Dispens von einem repressiven Verbot[21], so kann dies den Täter „nur" rechtfertigen. Dies ergibt sich aus folgender Überlegung: Unterwirft der (Verwaltungs-)Gesetzgeber ein Verhalten keinem Genehmigungserfordernis oder einem nur formellen Genehmigungsvorbehalt (präventives Verbot mit Erlaubnisvorbehalt) mit der Folge, daß der Bürger bei Vorliegen der gesetzlichen Voraussetzungen einen Anspruch auf Erlaubniserteilung hat[22], so sieht er dieses Verhalten als sozial wertvoll oder jedenfalls als wertneutral an[23]. Er will solche Verhaltensweisen nicht unterbinden[24] und will nur letztere einer Unbedenklichkeitskontrolle der Behörde unterwerfen[25].

Anders dagegen bei einem repressiven Verbot: Diese Tätigkeiten sollen als sozialschädlich regelmäßig unterdrückt werden und nur für atypische Fälle werden Befreiungen (Dispense) vorgesehen[26].

Diese Unterscheidung muß auch im Umweltstrafrecht Anwendung finden. Das Ergebnis scheint auf den ersten Blick nicht neu zu sein, soll

---

[19] BT-Drs. 8/3633 S. 21.
[20] Vgl. dazu z. B. *Wolff/Bachof* I § 48 III a.
[21] Vgl. dazu z. B. *Wolff/Bachof* I § 48 II c.
[22] BVerfGE 8, 76, 20, 157, *Friauf* JuS 1962, 424.
[23] *Friauf* JuS 1962, 423.
[24] *Forsthoff* § 13 c.
[25] *Wolff/Bachof* I § 48 II a.
[26] *Forsthoff* § 13 c, *Friauf* JuS 1962, 423, *Wolff/Bachof* I § 48 II c.

II. Die Akzessorietät auf der Rechtfertigungsebene

doch auch nach der h. M. Tatbestandsausschluß dann vorliegen, wenn das im Tatbestand umschriebene Verhalten an sich sozialadäquat ist und die behördliche Genehmigung nur der Kontrolle dienen soll[27].

Der Unterschied besteht aber darin, daß die h. M. darauf abstellt, ob ein Straftatbestand ein solches (sozialadäquates) Verhalten beschreibt, während hier danach entschieden wird, wie der Verwaltungsgesetzgeber das Verhalten ex ante im Zeitpunkt der verwaltungsrechtlichen Genehmigung bewertet, ohne daß es darauf ankäme, ob es sich später zu einem sozialwidrigen, den Unwertgehalt eines Straftatbestandes erfüllenden Verhalten oder Zustand entwickelt. Diese Ansicht wird bestätigt durch die Möglichkeit der behördlichen Genehmigung auch beim konkreten Gefährdungsdelikt des § 330. Diese ist nicht damit zu erklären, daß der Gesetzgeber den sozialwidrigen Gefährdungserfolg genehmigt sehen wollte, sondern nur aus der ex-ante-Bewertung der zum Erfolg führenden Handlung. Noch ein Zweites spricht dafür, auf die verwaltungsrechtlichen Kategorien des repressiven Verbots bzw. des präventiven Erlaubnisvorbehalts und nicht auf die Formulierung des gesetzlichen Tatbestandes für die Einordnung der Genehmigung als rechtfertigend bzw. tatbestandsausschließend zurückzugreifen. Geht man nämlich davon aus, daß die rechtfertigende behördliche Erlaubnis nach der einen bislang vertretenen Ansicht[28] auf dem Prinzip des überwiegenden, nach der anderen[29] auf dem des weichenden Interesses beruhe, worüber jeweils die Behörde zu entscheiden habe, so trifft weder das eine noch das andere zu, wenn die den Tatbestand zugrunde liegende Handlung auf der Ebene des Verwaltungsrechts dem Prinzip des präventiven Verbots mit Erlaubnisvorbehalt zuzuordnen ist. Ersteres deshalb nicht, weil beim präventiven Verbot mit Erlaubnisvorbehalt die Interessenabwägung der Gesetzgeber vorgenommen hat und die Verwaltung beim Vorliegen der gesetzlichen Voraussetzungen die Genehmigung erteilen muß und ihr deshalb eine eigene Abwägungsbefugnis nicht zusteht. Letzteres nicht, weil der Verwaltung die Dispositionsbefugnis über das Rechtsgut nicht übertragen wurde, sondern der Gesetzgeber die Disposition durch die gesetzliche Regelung selbst getroffen hat. Die behördliche Genehmigung hat hier nur deklaratorische, nicht konstitutive Bedeutung, da sie nur formelle und nicht materielle Voraussetzung für die Tätigkeit ist[30]. Ohnehin könnte in diesen Fällen die Genehmigung abstrakt-generell (durch Gesetz) erteilt werden, die Zwischenschaltung der individuellen Einzelverfügungen

---
[27] So wohl auch *Jakobs* AT S. 380.
[28] s. oben FN 11.
[29] s. oben FN 12.
[30] BVerfGE 20, 157.

dient lediglich der Rechtssicherheit und der Rechtsklarheit[31]. Handlungen aber, die eine generelle „Unbedenklichkeitserklärung" des Gesetzgebers für sich in Anspruch nehmen können, erfüllen, auch wenn sich durch sie ein sozialwidriger Zustand verwirklichen sollte, bereits nicht den Tatbestand eines verwaltungsakzessorischen Strafbestandes. Denn verwaltungsrechtlich generell zulässiges Verhalten kann strafrechtlich nicht nur ausnahmsweise gerechtfertigt sein. Eine solche Betrachtungsweise würde verkennen, daß der Verbrechenstatbestand typischerweise Unrecht beschreibt und die Rechtfertigung eine atypische Ausnahme darstellt[32].

Die gleichen Grundsätze gelten bei erlaubnisfreiem bzw. nur anzeigepflichtigem Verhalten. Solange die Verwaltung nicht durch Verbote, Auflagen usw. eingreift, ist dieses Verhalten nach der gesetzgeberischen Wertung zulässig.

Liegt dem Verwaltungsrecht dagegen ein repressives Verbot mit Befreiungsvorbehalt zugrunde, kann verwaltungskonformes Verhalten nur rechtfertigen. Hier wird die Verwaltung vom Gesetzgeber ermächtigt, ein generell unerwünschtes Verhalten ausnahmsweise zuzulassen und im Rahmen des gesetzlich eingeräumten Ermessens dadurch ggf. andere Rechtsgüter zu gefährden oder gar zu beeinträchtigen. Die Erlaubnis- oder Dispenserteilung der Verwaltung hat hier konstitutive Bedeutung und stellt eine Disposition über die beeinträchtigten Rechtsgüter dar, was man als Vorgang einer Güterabwägung oder einer Rechtsgutsaufgabe im Einzelfall ansehen mag[33].

Dieses auf der Ebene des Verwaltungsrechts generelle Verbotensein einer Handlung mit der ausnahmsweisen Dispensmöglichkeit entspricht damit im Strafrecht dem Verhältnis von Tatbestand und Rechtfertigung als des Unrechtstypus und der atypischen Ausnahme[34].

3. Ergebniskontrolle bei den §§ 311 d, 324 ff.

Wendet man nun die erarbeiteten Grundsätze auf die wichtigsten Straftatbestände des Umweltstrafrechts an, so entsteht folgendes Bild:

(1) Für die §§ 311 d, 327 Abs. 1, 328 Abs. 1, 330 Abs. 1 Nr. 1, Nr. 4 ergibt sich das verwaltungskonforme Verhalten aus dem Atomgesetz bzw. den auf Grund dieses Gesetzes erlassenen Rechtsverordnungen

---

[31] *Schwabe* JuS 1973, 133; vgl. auch *Armin Kaufmann*, Klug-Festschrift II S. 282.
[32] Schönke/Schröder/*Lenckner* § 326 RN 16.
[33] Ob damit allerdings das Phänomen der rechtfertigenden behördlichen Genehmigung vollständig erklärt ist, erscheint zweifelhaft, vgl. dazu unten 3. Abschnitt (II.1. b) dd)).
[34] Schönke/Schröder/*Lenckner* 49 vor § 13.

II. Die Akzessorietät auf der Rechtfertigungsebene

(z. B. Strahlenschutzverordnung). Dem Atomgesetz liegt jedoch keine einheitliche Rechtsfigur für das verwaltungsrechtliche Eingriffshandeln zugrunde. Tatbestandsausschluß ergibt sich bei § 311 d (soweit es sich nicht ohnehin um ein Strafblankett handelt[35]) und § 330 Abs. 1 Nr. 4, da hier entweder Fälle des bloßen polizeilichen Aufsichtsrechts (§§ 4 Abs. 2, 9, 12 2. Alt. StrSchVO) oder der Anzeigepflicht (§ 4 Abs. 1, 12 StrSchVO) oder eindeutig präventive Verbote mit Erlaubnisvorbehalt (§§ 3, 4, 6 AtomG) zugrunde liegen.

Einer näheren Betrachtung bedürfen aber die bei den §§ 327, 328 Abs. 1 Nr. 1 und § 330 I Nr. 1 zu einem verwaltungskonformen Verhalten führenden Genehmigungen nach § 7 und § 9 AtomG. Nach dem Wortlaut der Genehmigungsvoraussetzungen[36] könnte man versucht sein, ein repressives Verbot anzunehmen. Dies ist jedoch nicht der Fall, da der Gesetzgeber gerade die friedliche Nutzung der Kernenergie nicht generell verbieten, sondern gerade fördern will (vgl. § 1 Nr. 1 AtomG). Es handelt sich also auch hier um ein präventives Verbot mit Erlaubnisvorbehalt[37], wobei jedoch, und das ist die Besonderheit, nach dem Wortlaut des Gesetzes die Genehmigung nur bei Vorliegen der in §§ 7 Abs. 2 bzw. 9 Abs. 2 AtomG genannten Voraussetzungen erteilt werden darf, ohne daß es nach dem Gesetzeswortlaut aber einen Anspruch auf Erteilung gäbe. Das daraus teilweise entnommene Ermessen bei der Genehmigungserteilung[38] — bei dessen Vorliegen man von einer Dispositionsbefugnis der Behörde über das durch den Betrieb der Antomanlage betroffene Rechtsgut im Einzelfall sprechen könnte — läßt sich aber mit dem Zweck des präventiven Verbots als bloßer formeller Kontrolle schwerlich in Einklang bringen. Dies führte nämlich dazu, daß die Genehmigung konstitutive Bedeutung hätte und damit materielle Voraussetzungen für die entsprechende Tätigkeit wäre[39]. Außerdem wäre eine Ermessensentscheidung der Verwaltung auch unter dem Gesichtspunkt der Gewerbefreiheit bedenklich, da sich für den Inhalt der Ermessensentscheidung kaum gesetzlich normierte Gesichtspunkte finden lassen, die nicht schon in den §§ 7 Abs. 2, 9 Abs. 2 niedergelegt wären. Die Entscheidung wäre deshalb ins freie Ermessen der Behörde gestellt[40]. Demgemäß wird bei solchen sog. Koppelungsvorschriften, wie sie §§ 7, 9 AtomG darstellen, also den Normen, die auf der Tatbestandsseite unbestimmte Rechtsbegriffe aufweisen und

---

[35] s. oben I.3.
[36] §§ 7 Abs. 2, 9 Abs. 2 AtomG: „Die Genehmigung darf nur erteilt werden, wenn ...".
[37] BT-Drs. III/759 S. 50, *Kimminich* S. 78, *Mahlmann*, 1. Deutsches Atomrechts-Symposium S. 270.
[38] *Kimminich* S. 108, *Mattern/Raisch* § 7 RN 13.
[39] Vgl. BVerfGE 20, 156 f.
[40] *Mahlmann* aaO S. 272 ff.

auf der Rechtsfolgenseite eine Ermessensermächtigung enthalten[41], das Rechtsfolgeermessen dann verneint, wenn und soweit die für die Ermessenserwägung relevanten Gesichtspunkte bereits bei der Subsumtion unter einen die tatbestandlichen Voraussetzungen normierenden unbestimmten Rechtsbegriff zu prüfen sind[42]. Da die Behörde keine über die gesetzliche Regelung hinausgehende Entscheidung treffen kann, ist auch bei §§ 327, 328 Abs. 1 Nr. 1 und § 330 I Nr. 1 in Übereinstimmung mit der h. M.[43] bei verwaltungskonformem Verhalten der Tatbestand ausgeschlossen.

(2) Die verwaltungsrechtlichen Befugnisse zu den §§ 324, 330 Abs. 1 Nr. 1 1. Alt., Nr. 3 ergeben sich aus dem Wasserhaushaltsgesetz (WHG) und den Wassergesetzen der Länder. Verwaltungsrechtlich sind Eingriffe in die Gewässer grundsätzlich verboten und das verwaltungsrechtliche Erlaubnis- und Bewilligungsverfahren (§ 2 WHG) stellt deshalb nach der hier verwandten Terminologie einen Befreiungsvorbehalt von einem repressiven Verbot dar[44]. Damit wäre die h. M.[45] bestätigt, die in der verwaltungsrechtlichen Befugnis ebenfalls „nur" einen Rechtfertigungsgrund sieht. Dieses Ergebnis bedarf jedoch näherer Betrachtung: Zwar trifft es für die Hauptfälle der Erlaubnis und der Bewilligung zu, nicht jedoch für Fälle, in denen bereits der Gesetzgeber generell eine Gestattung erteilt hat bzw. eine solche nicht fordert und die Verwaltung keinerlei Dispositionsbefugnis hat: die Fälle der alten Rechte und Befugnisse (§ 15 WHG), der bloß anzeigepflichtigen Benutzung bei Übungen und Erprobungen (§ 17 a WHG), sowie die des Eigentümer-, Anlieger- und des Gemeingebrauchs (§§ 23, 24 WHG)[46]; durch eine solche Befugnis ist bereits der Tatbestand ausgeschlossen.

Das Merkmal „unbefugt" in § 324 bzw. § 330 Nr. 1 1. Alt. hat damit eine Doppelfunktion dergestalt, daß es allgemeines Verbrechensmerkmal ist, wenn sich die Befugnis entweder aus allgemeinen Rechtfertigungsgründen (etwa § 34) ergibt oder die Verwaltung von dem repressiven Verbot des Wasserrechts durch Erlaubnis oder Bewilligung (vgl. § 2 WHG) eine Ausnahme erteilt, es dagegen Tatbestandsmerkmal ist, wenn sich die Befugnis unmittelbar aus dem WHG ergibt.

Nicht diesem Prinzip des repressiven Verbots mit Erlaubnisvorbehalt unterliegen die behördlichen Gestattungen nach §§ 19 a, h WHG für die in

---

[41] Vgl. *Bachof* JZ 1972, 641.
[42] *Bachof* JZ 1972, 645.
[43] Vgl. z. B. *Dreher/Tröndle* § 327 RN 3, § 328 RN 3, Schönke/Schröder/*Cramer* § 327 RN 11, § 328 RN 12, *Sack* § 327 StGB RN 101, § 328 StGB RN 53.
[44] *Gieseke/Wiedemann/Czychowski* § 2 WHG RN 2, *Sieder/Zeitler* § 2 WHG RN 2 a.
[45] Vgl. z. B. *Horn* SK § 324 RN 6, *Rudolphi* ZfW 1982, 101 ff.
[46] Vgl. auch *Triffterer*, Umweltstrafrecht, S. 90 f.

II. Die Akzessorietät auf der Rechtfertigungsebene

§ 330 Abs. 1 Nr. 3 umschriebenen Verhaltensweisen, da es sich bei diesem Verhalten nicht um Gewässerbenutzung und damit nicht um materielles Wasserrecht handelt[47]. Vielmehr liegt ihnen ein präventives Verbot mit Erlaubnisvorbehalt[48] (§ 19 a WHG) zugrunde, so daß, jedenfalls nach der hier vertretenen Ansicht[49], bei Nichtvorliegen der gesetzlichen Versagungsgründe (§ 19 b Abs. 2 WHG) die Behörde zur Genehmigungserteilung verpflichtet ist, bzw. — bei der Eignungsfeststellung und der Bauartzulassung (§ 19 h WHG) — ein präventiver Brauchbarkeitsnachweis[50], auf dessen Erteilung ein Anspruch besteht[51]. Damit schließt in diesen Fällen entsprechend der h. M.[52] das verwaltungskonforme Verhalten bereits den Tatbestand aus.

(3) Bei den §§ 325, 327 Abs. 2 Nr. 1 und § 330 Abs. 1 Nr. 2 besteht in erster Linie eine Akzessorietät zum Bundesimmissionsschutzgesetz (BImSchG)[53]. Dort besteht entweder Genehmigungsfreiheit[54] oder zwar eine Genehmigungspflicht (§ 4 BImSchG), die aber auf dem präventiven Verbot mit Erlaubnisvorbehalt beruht mit der Folge, daß bei Vorliegen der gesetzlichen Voraussetzungen (§ 5 BImSchG) die Genehmigung zu erteilen ist (§ 6 BImSchG).

Auch hier ist deshalb in Übereinstimmung mit der h. M.[55] der Tatbestand bei verwaltungskonformem Verhalten ausgeschlossen.

(4) Für die §§ 326 Abs. 1, 327 Abs. 2 Nr. 2, 330 Abs. 1 Nr. 1 2. und 4. Alt., findet sich das verwaltungskonforme Verhalten im Abfallbeseitigungsgesetz (AbfG) geregelt. Zunächst scheint es naheliegen, zwischen Tatbestandsausschluß und Rechtfertigung wie folgt zu differenzieren: Bei §§ 327 Abs. 2 Nr. 2 und § 330 Abs. 1 Nr. 1 4. Alt. geht es nur um eine Sicherstellung des Genehmigungsverfahrens, so daß das verwaltungskonforme Verhalten den Tatbestand ausschließt, während §§ 326 Abs. 1, 330 Abs. 1 Nr. 1 2. Alt. sozialwidriges Verhalten beschreibt, bei dem die verwaltungsrechtliche Befugnis nur rechtfertigt[56]. Dieses Ergebnis wird dann aber zweifelhaft, wenn man das Abfall-

---

[47] *Sieder/Zeitler* § 19 a WHG RN 6.
[48] *Sieder/Zeitler* § 19 WHG RN 6.
[49] And. *Sieder/Zeitler* § 19 a WHG RN 52; ebenso aber *Kübler* DÖV 1968, 309; vgl. auch *Gieseke/Wiedemann* § 19 b WHG RN 12.
[50] *Sieder/Zeitler* § 19 h WHG RN 2.
[51] *Sieder/Zeitler* § 19 h WHG RN 13.
[52] Vgl. etwa *Horn* SK § 330 RN 7, Schönke/Schröder/*Cramer* § 330 RN 34.
[53] Schönke/Schröder/*Stree* § 325 RN 8, 9.
[54] *Stich*, BImSchG 1 vor § 4.
[55] *Horn* SK § 325 RN 9, *Sack* § 325 StGB RN 24, Schönke/Schröder/*Stree* § 325 RN 7.
[56] So die h. M., vgl. z. B. *Horn* § 326 RN 17, § 327 RN 4, *Sack* § 326 StGB RN 145, § 327 StGB RN 101.

beseitigungsgesetz als einschlägiges Verwaltungsgesetz näher betrachtet und sich verdeutlicht, daß § 327 Abs. 2 Nr. 2 nicht den einem verwaltungswidrigen Verhalten zugrunde liegenden Ungehorsam bestraft, sondern die Vorschrift ein abstraktes Gefährdungsdelikt darstellt. Für die Errichtung von Abfallbeseitigungsanlagen besteht nach dem Abfallbeseitigungsgesetz (§ 8) ein absolutes Verbot mit einem Regelungsvorbehalt für den Träger der Abfallbeseitigung[57] (also in Baden-Württemberg für die Stadt- und Landkreise, § 1 LandesAbfG). Anlagen anderer (etwa Privater) sind grundsätzlich wegen der großen Gefahren jeder (auch der genehmigten) Beseitigungsanlage für die Umwelt[58] unzulässig (§ 3 Abs. 1 AbfG). Stellt man nun in diese Überlegungen noch zusätzlich ein, daß § 327 Abs. 2 Nr. 2 nicht den Ungehorsam, sondern die abstrakte Umweltgefährdung bestraft, so führt dies nach der hier vertretenen Ansicht im Einklang mit der h. M.[59] dazu, daß die Genehmigung bzw. Planfeststellung nur rechtfertigt.

Andererseits ist aber das verwaltungsrechtlich befugte Verhalten bei §§ 326 Abs. 1, 330 Abs. 1 Nr. 2 2. Alt. nicht, wie die wohl h. M. annimmt[60], immer nur rechtfertigend, vielmehr kommt es darauf an, ob sich die Befugnis, Abfall außerhalb einer dafür zugelassenen Anlage usw. zu beseitigen, allgemein aus einem Gesetz oder einer Rechtsverordnung ergibt (wie etwa § 5 Abs. 2 TierKBG oder den Rechtsverordnungen nach § 4 Abs. 4 AbfG) oder eine behördlich erteilte Ausnahmegenehmigung von dem repressiven Verbot des § 4 Abs. 2 AbfG befreit. Entsprechend den oben genannten Grundsätzen hat die Befugnis im ersten Fall tatbestandsausschließende Wirkung, lediglich im zweiten Fall rechtfertigt sie[61].

---

[57] VGH Mannheim Bad.-Württ. VPraxis 1974, 107, DÖV 1977, 332, *Hösel/v. Lersner*, AbfG § 8 RN 19; and. VGH Kassel Natur und Recht 1979, 68.
[58] *Rüdiger* S. 32 f. m. w. N.
[59] Z. B. *Hirsch* LK[9] 148 vor § 51, Schönke/Schröder/*Lenckner* 63 vor § 32.
[60] Vgl. z. B. *Horn* SK § 326 RN 17, *Sack* § 326 StGB RN 145.
[61] So bereits Schönke/Schröder/*Lenckner* § 326 RN 16.

2. Abschnitt

Verfassungsrechtliche Probleme der verwaltungsakzessorischen Gesetzesfassung

Die Aufgliederung der Verwaltungsakzessorietät in ihre verschiedenen Erscheinungsformen hat deutlich gemacht, daß es sich dabei nicht um ein einheitliches Phänomen handelt. Deshalb kann auch die Frage ihrer Verfassungsmäßigkeit nicht generell als zweifelhaft bezeichnet werden[1], vielmehr ist diese Frage anhand der jeweiligen Ausgestaltung zu prüfen[2].

Die einzelnen Bedenken lassen sich auf zwei Haupteinwände zurückführen, die sich diametral gegenüberstehen: Der eine, daß das Umweltstrafrecht nur dann rechts- und föderalstaatlich befriedigend gelöst werden könne, wenn man die Strafrechtsnormen bei den einschlägigen Umweltverwaltungsgesetzen, also im Nebenstrafrecht ansiedle bzw. beließe, der andere, daß das Umweltstrafrecht nicht an das Umweltverwaltungsrecht gebunden werden dürfe; mit anderen Worten: einerseits wird ein Zuwenig, andererseits ein Zuviel an Verwaltungsakzessorietät kritisiert.

I. Die Problematik der Einstellung ins Kernstrafrecht

1. Rechtspolitische Gesichtspunkte

Der zunächst bloß gesetzgebungstechnischen Frage nach der Lozierung des Umweltstrafrechts im Kern- oder Nebenstrafrecht[3], sowie der kriminalpolitischen Frage, ob aus der Einordnung ins Strafgesetzbuch auch tatsächlich die erwarteten Impulse für ein stärkeres Umweltbewußtsein der Bevölkerung ausgehen[4], soll nicht weiter nachgegangen werden.

---

[1] In diese Richtung aber *Dreher/Tröndle* 4 vor § 324, *Lackner* 1 d bb vor § 324.

[2] *Laufhütte/Möhrenschlager* ZStW 92, 919 (Fn. 24).

[3] *Triffterer* ZStW 91, 333, *Noll* in: Müller-Stahel S. 398; and. aber *Lenzen* JR 1980, 135, der anscheinend von dieser Einordnung den Grad des sozialethischen Unwerturteils abhängig machen will; vgl. auch *Dreher/Tröndle* 4 vor § 324.

[4] Zweifelnd *Dreher/Tröndle* 4 vor § 324, *Laufhütte/Möhrenschlager* ZStW

2. Die Gesetzesklarheit und Gesetzesbestimmtheit

Dagegen bedarf die verfassungsrechtliche Problematik der Lozierung des Umweltstrafrechts im Strafgesetzbuch, ob nämlich die Anforderungen, die das Grundgesetz an Gesetzesklarheit und Gesetzesbestimmtheit (Art. 20, 103 Abs. 2 GG)[5] stellt, durch die gewählte Gesetzgebungstechnik erfüllt werden, einer Klärung. Nach Meinung der Kritiker werde durch die Trennung der Strafrechtsnorm von der einschlägigen Verwaltungsrechtsnorm, die mit einer unterschiedlichen Ausfüllung gleicher Rechtsbegriffe in Strafrecht und Verwaltungsrecht einhergehe, die für das Verständnis des Gesetzes notwendige Abhängigkeit des Strafrechts vom Verwaltungsrecht verschleiert[6], so daß der rechtsunterworfene Bürger „wie mit einer Stange im Nebel" die Strafbarkeitsvoraussetzungen erkunden müsse[7].

Zwar mag auf den ersten Blick eine Strafvorschrift bei den verwaltungsrechtlichen Spezialgesetzen (also im Nebenstrafrecht) dem Grundsatz der Gesetzesklarheit eher entsprechen, da durch eine genaue Bezugnahme auf die zu bewehrende Vorschrift und durch den Einsatz sog. Rückverweisungsklauseln in den Verwaltungsgesetzen auf die Strafrechtsnorm der Zusammenhang zwischen verwaltungsrechtlichem Gebot und seiner Strafbewehrung deutlich wird. Deshalb aber sofort das Verdikt der Verfassungswidrigkeit gegen die Umweltstrafnormen anzubringen, erscheint als vorschnell. Abgesehen davon, daß ein Gesetz nur in extremen Ausnahmefällen wegen mangelnder Klarheit für nichtig erklärt werden kann und dem Gesetzgeber diesbezüglich ein weiter Spielraum eingeräumt wird[8], fehlt es hier bereits an den Voraussetzungen. Das eigentliche Unbehagen vor dem Umweltstrafrecht liegt weniger an der mangelnden Gesetzesklarheit, sondern hat einen anderen Grund; dies mag folgendes Beispiel zeigen: Zwar wird kaum ein Kleintierbesitzer wissen, daß, wenn er ein verendetes Meerschweinchen in seinem Garten verscharrt, er mit dem § 326 in Konflikt geraten kann, weil nämlich § 326 Abs. 1 über das „zugelassene Verfahren" auf § 5 TierKBG[9] verweist, der ihn verpflichtet, den Kadaver so zu vergraben, daß der Tierkörper mit „einer ausreichenden, mindestens 50 cm starken Erdschicht, gemessen vom Rand der Grube an, bedeckt ist". Man könnte deshalb versucht sein zu glauben, daß der

---

92, 914, *Nadler* JZ 1977, 397, *Salzwedel* ZfW 1980, 211; and. aber z. B. *Buckenberger* S. 145, *Schild* Jura 1979, 422, Jur. Blätter 1979 12 ff., *Vogel* ZRP 1980, 179 ff., *de With* Recht und Politik 1980, 33 f.

[5] *Maunz/Dürig/Herzog* Art. 20 VII RN 63.

[6] *Dreher/Tröndle* 4 vor § 324, *Lackner* 1 b aa vor § 324, *Lenzen* JR 1980, 136.

[7] *Lenzen* JR 1980, 137, in diese Richtung auch *Backes* ZRP 1975, 229, 231.

[8] *Maunz/Dürig/Herzog* Art. 20 VII RN 63 m. w. N.

[9] Tierkörperbeseitigungsgesetz vom 2. 9. 1975 (BGBl. I 2313).

Begriff des „zugelassenen Verfahrens" in § 326 für den Rechtsunterworfenen nicht klar erkennbar macht, auf welche Gesetzesbestimmungen Bezug genommen wird und das Gesetz mangels hinreichender Bestimmtheit dem Rechtsstaatsgebot nicht gerecht wird[10]. Aber auch die Kritiker der vom Gesetzgeber gewählten Lösung werden zugeben müssen, daß der Laie in keiner besseren Lage wäre, wenn sich im Abfallbeseitigungsgesetz eine entsprechende Strafvorschrift befände, da ihm dann schon die Vorschrift unbekannt wäre.

Die mangelnde Überschaubarkeit der Strafvorschrift liegt deshalb auch nicht an der gewählten Gesetzeskonstruktion, sondern vielmehr daran, daß unsere hochentwickelte Industriegesellschaft nicht mehr mit dem Schutz der klassischen Rechtsgüter, die im Bewußtsein der Bevölkerung verankert sind, auskommen kann, sondern daß — wie etwa bei der Umwelt — neue, oft nur schwer faßbare Rechtsgüter geschützt werden müssen[11], wobei dann die einschlägigen Rechtsnormen unbekannt oder nur schwer einprägsam sind. Deshalb kann das Gebot der Gesetzesbestimmtheit und der Gesetzesklarheit seinen Sinn weniger darin haben, dem einzelnen „Gesetzesunterworfenen das Vorauswissen für seine strafrechtliche Verurteilung sicherzustellen" — dies ist eine Frage der Irrtumsproblematik[12] —, sondern darin, daß das Strafgesetz von vornherein objektiv so klar und eindeutig festgelegt ist, daß der Mensch nicht zum Objekt des staatlichen Geschehens degradiert wird[13]. Daß die Umweltstrafvorschriften aber dagegen verstoßen, wird man nur schwerlich behaupten können.

3. Föderalstaatliche Gesichtspunkte

Schließlich werden auch Gesichtspunkte der föderalstaatlichen Kompetenzregelung gegen die gewählte Gesetzesfassung vorgebracht.

(1) Sieht man in den Blankettgesetzen einen Unter- bzw. Sonderfall der Gesetzesverweisung[14], so stellt sich eine Blankettausfüllung durch Landesrecht als sog. dynamische oder antizipierte Verweisung des Bundesgesetzgebers auf Landesrecht dar, die verfassungsrechtlich unzulässig ist[15].

---

[10] BVerfGE 5, 33, *Karpen* S. 364, *Lohberger* S. 115.
[11] *Lenckner* JuS 1968, 253.
[12] *Lenckner* JuS 1968, 304 Fn. 79, *Sax*, Grundrechte III, S. 998, *Warda*, Dogmatische Grundlagen, S. 44 und *Maunz/Dürig/Herzog* Art. 103 II RN 104; and. aber wohl *Buckenberger* S. 150, *Lenzen* JR 1980, 136.
[13] *Maunz/Dürig/Herzog* Art. 103 II RN 104.
[14] *Bullinger* S. 21.
[15] BVerfG NJW 1978, 1475, *Ossenbühl* DVBl. 1967, 404.

(2) Außerdem könnte der Bundesgesetzgeber über die strafrechtlichen Schutzvorschriften zugunsten des Landesrechts die Landesgesetzgebungskompetenz auf dem jeweiligen Gebiet aushöhlen[16].

(3) Schließlich wird die Gesetzgebungskompetenz des Bundesgesetzgebers in Zweifel gezogen, da er sich der Blankettstrafgesetzgebung bediene, um sich des ständigen zeitlichen und örtlichen Wandels des Strafbedürfnisses anzupassen[17], denn, aus dem Bereich der konkurrierenden Gesetzgebung stammend (Art. 74 Nr. 1 GG), dürfe Bundesstrafrecht nur dann ergehen, wenn es zur Wahrung der Rechtseinheit erforderlich sei (Art. 72 Abs. 2 Nr. 3 GG). Dieses Einheitlichkeitserfordernis bestehe aber gerade dann nicht, wenn die Blankettausfüllung dem Landesrecht überlassen bleibe[18].

All diese Einwände können aber jedenfalls für das Umweltstrafrecht nicht durchschlagen:

(1) Die verfassungsrechtlichen Bedenken, die gegen eine dynamische Verweisung von Bundesrecht auf Landesrecht sprechen, lassen sich auf die landesrechtliche Ausfüllung von Bundesstrafgesetzen nicht übertragen. Denn diese Bedenken rühren gerade daher, daß bei der Verweisung das jeweilig geltende Objekt, also das Landesrecht *Bestandteil* des Verweisungsgegenstandes, also des Bundesrechts wird, ohne daß im Bereich des Bundesrechts das Gesetzgebungsverfahren eingehalten wird[19]. Dies ist aber bei der Blankettausfüllungsnorm nicht der Fall; sie wird nicht Bestandteil des Bundesstrafgesetzes, vielmehr hat dieses die Aufgabe, die Ausfüllungsnorm als Landesrecht unter (bundes-)strafrechtlichen Schutz zu stellen[20]. Beide Gesetze haben deshalb ihr eigenes Schicksal[21]. Etwas anderes wäre schlechterdings nicht möglich, da ansonsten in jedem Bundesland ein anderes Bundesstrafrecht gälte.

(2) Auch das Argument, mit Hilfe der Blankettstrafgesetze könne die Landesgesetzgebungskompetenz ausgehöhlt werden, kann — unabhängig von seiner grundsätzlichen Berechtigung[22] — jedenfalls im Bereich des Umweltstrafrechts keine Berechtigung haben, da, soweit auf Landesrecht verwiesen wird, eine Rahmenkompetenz des Bundesgesetzgebers besteht (Art. 75 Nr. 3, Nr. 4 GG), die ihn auch zum Erlaß

---

[16] *Dohna* VerwArchiv 30, 243, *Dreher* NJW 52, 1283, *Maunz/Dürig/Herzog* Art. 74 RN 15.
[17] *Lenzen* JR 1980, 137, *Neumann* S. 148.
[18] *Karpen* S. 89, *Warda*, Abgrenzung, S. 9, *Weidenbach* S. 5.
[19] *Ossenbühl* DVBl. 1967, 401.
[20] *Peters/Ossenbühl* S. 73, *Tiedemann*, Tatbestandsfunktion, S. 240.
[21] BGH NJW 1963, 1987.
[22] Vgl. *Dreher* NJW 1952, 1282, *Lenzen* JR 1980, 137 einerseits und BVerfGE 23, 113 andererseits.

von Strafvorschriften ermächtigt[23]. Soweit § 330 Abs. 1 Nr. 2 auf Polizeiverordnungen verweist, besteht zwar keine Bundeskompetenz, jedoch handelt es sich dabei um Lebens- und Leibesschutz, der zum traditionellen Strafrecht gehört und auch von den Kritikern nicht für die Landesgesetzgebung in Anspruch genommen wird[24].

(3) Die letzte Frage, ob angesichts einer Blankettausfüllung durch Landesrecht überhaupt ein Bedürfnis nach einer bundeseinheitlichen Regelung besteht, kann aus dreierlei Gründen bejaht werden: Zum einen handelt es sich bei den Umweltstraftatbeständen nicht um Vollblankettgesetze[25], vielmehr gibt der Bundesgesetzgeber einen der Tatbestandsbestimmtheit genügenden Rahmen bezüglich der Tatbestandsvoraussetzungen[26], zum anderen schafft er eine bundeseinheitliche Straffolge[27] und schließlich könnte der Landesgesetzgeber angesichts eines nur eingeschränkten Strafrahmens (Art. 3 EGStGB) einen wirksamen Rechtsgüterschutz nicht gewähren.

II. Die Problematik der Akzessorietät des Strafrechts vom Verwaltungsrecht

Gewichtiger erscheint die Kritik der „Akzessorietätsgegner", die sich gegen die Bindung des Strafrechts an das Verwaltungsrecht wenden.

1. Rechtspolitische Gesichtspunkte

Zwar geht es hier zunächst um die nur rechtspolitische Frage, die hier nur angedeutet werden soll, ob die Weichen des Umweltschutzes präventiv im Verwaltungsrecht — mit der Folge einer wie auch immer gearteten Abhängigkeit der Sanktionsnormen vom Verwaltungsrecht — oder repressiv im Strafrecht gestellt werden sollen[1].

Schon aus Praktikabilitätsgründen[2] erscheint ersteres vorzugswürdig. Der Einwand, bei einer Akzessorietät könnten die sog. Kumulationseffekte nicht vermieden werden[3], ist nicht stichhaltig, es bedürfte nur einer entsprechenden verwaltungsrechtlichen Regelung[4]. Der Vorwurf,

---

[23] Vgl. etwa BVerfGE 7, 41.
[24] *Dreher* NJW 1952, 1282, *Lenzen* JR 1980, 138.
[25] Vgl. BT-Drs. 8/2382 S. 10.
[26] Vgl. dazu unten II. 2. b).
[27] *Neumann* S. 10, *Tiedemann*, Tatbestandsfunktion, S. 240, AöR 89 (1964), 81 f., *Warda*, Abgrenzung, S. 10.
[1] Vgl. dazu umfassend *Müller-Stahel* S. 532.
[2] Vgl. dazu etwa *Rüdiger* S. 125 ff.
[3] Vgl. z. B. *Lackner* 1 b cc vor § 324.
[4] So z. B. die verwaltungsrechtlichen Prüfstellen nach dem AE (BT 2. Halbbd. S. 49 ff.).

daß das Vollzugsdefizit im Umweltverwaltungsrecht wegen mangelhafter Personalausstattung und Interessenverflechtung[5] sich nun auch im Strafrecht fortsetze, ist nicht von der Hand zu weisen, andererseits ist aber zu fragen, ob die Strafverfolgungsbehörden personell besser ausgestattet sind und schließlich könnte auch eine verschärfte Amtsträgerstrafbarkeit helfen, ohne daß damit zugleich das Akzessorietätsmodell beseitigt werden müßte.

2. Das Rechtsstaats- und Gewaltenteilungsprinzip

Die Vorwürfe beschränken sich aber nicht auf kriminalpolitische Fehlentscheidungen, sondern bezweifeln auch die Verfassungsgemäßheit der Regelung, weil durch die Abhängigkeit des Strafrechts vom Verwaltungsrecht der Rechtsgüterschutz zumindest teilweise in die Hände der Verwaltungsbehörden gelegt sei[6] und der Strafgesetzgeber sich damit selbst entmachtet habe[7]. Dieses Bedenken kann nicht pauschal — wie *Cramer*[8] meint — dadurch entkräftet werden, daß bei der Selbstentmachtung der Strafgesetzgeber die Materie jederzeit wieder an sich ziehen könne, denn das Grundgesetz verbietet auch die freiwillige Selbstentmachtung eines Bundesorgans[9]. Dies ergibt sich aus dem Ordnungssystem des Grundgesetzes und vor allem aber daraus, daß einem Kompetenzverzicht der Organe untereinander eine fehlende Legitimation der Entscheidung im Verhältnis zum Bürger entspricht[10]. Aus diesem letzten Argument wird auch deutlich, daß die verfassungsrechtlichen Bedenken gegen die gesetzliche Regelung weniger daher rühren können, daß der Schutz der Umwelt in die Hände der Verwaltung gelegt ist, dies ist eher der kriminalpolitische Aspekt des Vorwurfs[11]. Entscheidend ist vielmehr, daß als Folge einer Übertragung des (strafrechtlichen) Rechtsgüterschutzes die Verwaltung die Voraussetzungen der Strafbarkeit bestimmt. Die verfassungsrechtlichen Bedenken ergeben sich deshalb aus Art. 103 Abs. 2, 104 Abs. 1 GG und können nicht mit dem Argument von *Cramer* ausgeräumt, sondern müssen anderweitig beseitigt werden.

---

[5] Vgl. dazu z. B. *Stich,* Ule-Festschrift, S. 215 ff.
[6] *Maihofer,* Gesellschaft für Umweltrecht S. 121, *Horn* NJW 1981, 1.
[7] *Dreher/Tröndle* 4 vor § 324, *Lackner* 1 b bb vor § 324.
[8] In: Schönke/Schröder 4 vor § 324.
[9] BVerfGE 4, 115 (139), *Stern,* Staatsrecht Bd. I § 19 III 3 a.
[10] Zum Verhältnis von Organkompetenz und Legitimation vgl. *Maunz/ Dürig/Herzog* Art. 20 II RN 74 ff.
[11] Vgl. *Dreher/Tröndle* 4 vor § 324, *Rudolphi* NStZ 1984, 248.

II. Problematik der Akzessorietät des Strafrechts

a) Die Akzessorietät auf der Rechtfertigungsebene

Verfassungsrechtliche Bedenken kommen ohnehin nicht zum Tragen in den Fällen, in denen die Verwaltungsakzessorietät auf der Ebene der Rechtswidrigkeit hergestellt wird, das verwaltungskonforme Verhalten also Rechtfertigungsgrund ist. Hier bestimmt der Gesetzgeber das tatbestandsmäßige Verhalten und damit auch den Schutzbereich des Rechtsguts; für die Einführung von Rechtfertigungsgründen gibt es weder bestimmte Zuständigkeiten noch Legitimationen, vielmehr gilt das Prinzip der Einheit der Rechtsordnung[12]. Dementsprechend werden Rechtfertigungsgründe — jedenfalls hier — nicht vom Gesetzlichkeitserfordernis des Art. 103 Abs. 2 GG erfaßt[13].

b) Tatbestandliche Akzessorietät

Anders ist es hingegen, wenn bereits der Tatbestand verwaltungsakzessorisch ausgestaltet ist.

aa) Die Abhängigkeit von Rechtsverordnungen

Bedenken ergeben sich einmal gegen Blankettatbestände, die durch untergesetzliche Normen (insbesondere Rechtsverordnungen) ausgefüllt werden.

Dies zwar nicht aus Art. 103 Abs. 3 GG, da auch ordnungsgemäß erlassene Rechtsverordnungen (Art. 80 GG) dem materiellen Gesetzesbegriff des Art. 103 Abs. 3 GG genügen[14], sondern die Bedenken ergeben sich — da die Umweltdelikte auch Freiheitsstrafen androhen — aus Art. 104 Abs. 1 GG, der für solche Strafnormen ein förmliches (Straf-)Gesetz fordert[15]. Ohne die gesamte Diskussion zu dieser Problematik wieder aufgreifen zu wollen, läßt sich als Ergebnis der h. M.[16] dazu festhalten, daß es dem Gesetzlichkeitserfordernis des Art. 104 Abs. 1 GG genügt, wenn das förmliche Gesetz nur Art und Maß der Strafe festsetzt und die Voraussetzungen der Strafbarkeit hinreichend deutlich bestimmt; die Spezifizierung des Straftatbestandes darf dem Verordnungsgeber überlassen bleiben[17]. Zwar ist der Grad der Bestimmtheit im einzelnen umstritten, es läßt sich aber als Gemeinsam-

---

[12] Vgl. z. B. Schönke/Schröder/*Lenckner* 27 vor § 32.
[13] *Lenckner* JuS 1968, 252, Schönke/Schröder/*Eser* § 1 RN 17 m. w. N.
[14] Ganz h. M., vgl. z. B. BVerfGE 22, 25, *Maunz/Dürig/Herzog* Art. 103 RN 106, Schönke/Schröder/*Eser* § 1 RN 11.
[15] Vgl. z. B. BVerfGE 14, 186, OLG Hamburg GA 1964, 56, Schönke/Schröder/*Eser* § 1 RN 11; and. *Tiedemann*, Tatbestandsfunktion, S. 253.
[16] BVerfGE 14, 253, BVerfG NJW 1979, 1981, *Karpen* S. 219, *Tiedemann*, Tatbestandsfunktion, S. 265, *Weidenbach* S. 211.
[17] BVerfGE 14, 187, 252, 358.

keit herausarbeiten, daß durch das (Blankett-)Gesetz[18] die geschützten Rechtsgüter oder Rechtswerte bezeichnet und die schädlichen Verhaltensweisen in einer Weise konkretisiert sein müssen, die mehr als die bloße Tatsache eines Verstoßes gegen verwaltungsrechtliche Pflichten umschreibt[19]. Diesen Anforderungen werden die Blankettvorschriften des Umweltstrafrechts gerecht: Der Strafrahmen wird ohnehin vom Blankettgesetz bestimmt. Da es sich zudem nicht um sog. Vollblankettgesetze handelt[20], sie also nicht nur die Straffolge aussprechen, werden auch die geschützten Güter und die schädlichen Verhaltensweisen gesetzlich umschrieben: § 311 d bezeichnet Leib, Leben und Eigentum als die geschützten Güter, § 326 den Menschen bzw. die Umwelt in ihren Medien und Erscheinungsformen[21] und § 329 ökologisch besonders empfindliche Gebiete[22]; als schädliche Vorgehensweisen werden — abgesehen vom Verstoß gegen verwaltungsrechtliche Pflichten — die gefährliche Strahlenfreisetzung und Kernspaltung (§ 311 d), die „Sonder"-Abfallbeseitigung (§ 326), die Luftverunreinigung (§ 325 Abs. 1) und bestimmte gewässer- (§ 329 Abs. 2) bzw. landschaftsschutzgefährdende (§ 329 Abs. 3) Handlungsweisen beschrieben.

Ein Verstoß gegen die Anforderungen des Art. 104 Abs. 1 GG ist deshalb in der gewählten Regelung nicht zu erkennen.

bb) Die Abhängigkeit von Verwaltungsakten

Von der unter dem Gesichtspunkt der Art. 103 Abs. 2, 104 Abs. 1 verfassungsrechtlich problematischsten Form des Blankettgesetzes, der Blankettausfüllung durch verwaltungsrechtliche Einzelmaßnahmen (Verwaltungsakte), wurde im Umweltstrafrecht kein Gebrauch gemacht. Dies bedeutet jedoch nicht, daß die Bedenken, die gegen die Verwaltungsakzessorietät vorgebracht werden[23], schon allein deshalb hinfällig wären, weil in der gewählten Regelung der Verwaltungsakt nicht Blankettausfüllung, sondern Tatbestandsmerkmal ist. In beiden Fällen hängt nämlich die Tatbestandserfüllung von verwaltungsrecht-

---

[18] BVerfGE 14, 253, *Tiedemann*, Tatbestandsfunktion, S. 250; and. *Weidenbach* (S. 120), der dafür noch das zum Erlaß der Rechtsverordnungen ermächtigende Verwaltungsgesetz heranziehen will.
[19] BVerfGE 14, 253, BVerfG NJW 1979, 1981, OLG Köln NJW 1962, 1216, *Lohberger* S. 151 f., Schönke/Schröder/*Eser* § 1 RN 11, *Tiedemann*, Tatbestandsfunktion S. 265. Dabei wird dieses Ergebnis teilweise durch eine (einschränkende) Auslegung des Art. 104 Abs. 1 GG gewonnen, teilweise aus Art. 80 Abs. 1 GG, wobei — da es sich beim freiheitsentziehenden Strafgesetz um den schwerwiegendsten Staatseingriff handelt — an den Inhalt der Ermächtigung strenge Anforderungen gestellt werden.
[20] BT-Drs. 8/2382 S. 10.
[21] Vgl. z. B. Schönke/Schröder/*Lenckner* § 326 RN 1.
[22] Schönke/Schröder/*Eser* § 329 RN 1.
[23] Vgl. *Karpen* S. 220 sowie oben 2.

II. Problematik der Akzessorietät des Strafrechts

lichen Einzelmaßnahmen ab, so daß man auch bei der vom Gesetzgeber gewählten Regelung davon sprechen könnte, er habe Legislativbefugnisse in einer Weise auf die Verwaltung delegiert, wie es im Grundgesetz nicht vorgesehen ist[24]. Die Verfassungswidrigkeit scheint deshalb auf der Hand zu liegen.

Daß dies aber letztlich doch nicht der Fall ist, ergibt sich aus folgenden Überlegungen: Der Strafgesetzgeber hat im Umweltstrafrecht neben der Straffolge auch die Tatbestandsvoraussetzung selbst bestimmt, indem er die geschützten Rechtsgüter und die schädlichen Verhaltensweisen im Tatbestand umschreibt (vgl. z. B. § 325). Der Verwaltung bleibt allein die Befugnis, das im Tatbestand abstrakt formulierte verwaltungswidrige Verhalten für den Einzelfall zu aktualisieren[25]. Bereits darin könnte man eine ausreichende Legitimation für das Strafgesetz sehen[26]. Ein Weiteres kommt hinzu: Die Verwaltungsbehörde kann bei der Einzelfallaktualisierung keineswegs gesetzesfrei handeln, vielmehr besteht die Befugnis allein darin, die gesetzgeberischen Entscheidungen des Umweltverwaltungsrechts auf den Einzelfall anzuwenden, wobei ihr — jedenfalls nach der hier vertretenen Ansicht[27] — nicht einmal ein Ermessen zukommt. Die Behörde kann deshalb nicht konstitutiv in die Strafbarkeitsvoraussetzungen eingreifen[28], so daß ihre Entscheidung keinen rechtssatzvertretenden Charakter gewinnt.

Mit der soeben beschriebenen Funktion der Verwaltung im Umweltstrafrecht setzt sich die gewählte Regelung aber dem zweiten Einwand aus, daß sie nämlich der Verwaltung die Rechtsanwendung und damit eine Position überlasse, die durch Art. 92 GG dem Richter zugewiesen sei[29]. Die im Bereich des Verwaltungsrechts zulässige Rechtsanwendung der Verwaltungsbehörde führt nämlich über die Verwaltungsakzessorietät dazu, daß die Verwaltungsbehörde mittelbar auch Rechtsanwendung im Kriminalstrafrecht betreibt, was aber als Kernbestand der Richterbefugnis gilt[30].

Dieser Zustand läßt sich aber aus folgenden Überlegungen rechtfertigen: Als Alternative zur gewählten Regelung stünde dem Gesetzgeber nur die Möglichkeit offen, statt des Tatbestandsmerkmals des Verwal-

---

[24] Das Grundgesetz erlaubt eine solche Delegation nur unter den Voraussetzungen des Art. 80 GG.
[25] *Lagemann* S. 24, *Tiedemann*, Kartellrechtsverstöße, S. 149.
[26] So wohl BGHSt 21, 136 f.
[27] Vgl. oben 1. Abschnitt (II. 3.).
[28] Vgl. dazu auch *Löwer* JZ 1979, 627 ff., insbes. S. 630 und *Rudolphi* NStZ 1984, 249.
[29] BVerfGE 22, 49 (73 ff.), *Maunz/Dürig/Herzog* Art. 92 RN 47.
[30] Vgl. BVerfGE 22, 77 ff.

tungsakts die (verwaltungs-)gesetzlichen Grundlagen für diesen Verwaltungsakt in das Strafgesetz zu übernehmen bzw. darauf zu verweisen. Die Folge wären Normen mit einer Anhäufung so unbestimmter Rechtsbegriffe[31], daß die gesetzliche Regelung die Steuerung der gerichtlichen Entscheidung nicht mehr übernehmen könnte, was zu ungleichen und damit willkürlichen gerichtlichen Entscheidungen führte[32] und die Strafbarkeit einer Berechenbarkeit entzogen würde[33]. Falls man überhaupt solch unbestimmte Strafvorschriften den rechtsstaatlichen Anforderungen genügen lassen will, sind sie dahingehend auszulegen, daß der Tatbestand nur dann erfüllt ist, wenn über die Tatsachen, die den unbestimmten Rechtbegriff ausfüllen, schlechterdings kein Streit mehr bestehen kann[34]. Angesichts der noch nicht ausreichend differenzierten und systematisierten Begriffe im Umweltverwaltungsrecht[35], die deshalb einer weiten Auslegung zugänglich sind, führte dies aber praktisch zu einem Verzicht auf wirksamen Umweltschutz.

Demgegenüber hat der den unbestimmten Rechtsbegriff ersetzende Verwaltungsakt den Vorzug einer hohen Gesetzesbestimmtheit und Rechtssicherheit[36], ja sogar den einer größeren Gleichbehandlung des Rechtsunterworfenen, da die Verwaltung über das Rechtsinstitut der Selbstbindung (Art. 3 GG)[37] zur gleichmäßigen Rechtsanwendung verpflichtet ist, ohne daß damit das verletzte Rechtsgut der Schutzlosigkeit preisgegeben wäre. Ist ein wirksamer Umweltschutz nur so möglich, so müssen Abstriche vom Gebot des Richtervorbehalts (Art. 92 GG) möglich sein[38], zumal diese nicht unmittelbar, sondern nur im Bereich der verwaltungsrechtlichen Vorfragen vorgenommen werden.

---

[31] Vgl. etwa den Wortlaut des § 6 BImSchG, der Rechtsgrundlage für die vollziehbaren Anordnungen und Auflagen in § 325 ist.
[32] *Class*, Eb. Schmidt-FS S. 137 f.
[33] *Lenckner* JuS 1968, 252.
[34] *Lenckner* JuS 1968, 309, *Schlüchter* NStZ 1984, 300.
[35] *Rey* in: Müller-Stahel S. 206 (für die Schweiz).
[36] AE, BT, 2. Halbbd., S. 53, *Ostendorf* JZ 1981, 174, *Schenck* JR 1970, 450, *Tiedemann*, Tatbestandsfunktion, S. 248, 256.
[37] Vgl. z. B. BVerwGE 34, 278, *Wolff/Bachof* § 24 II d 2.
[38] *Peters/Ossenbühl* S. 74.

3. Abschnitt

Die Auswirkungen von Fehlern im Verwaltungsrecht auf das Strafrecht

Bei der Anwendung des Umweltstrafrechts stellt sich bei Fehlern im Bereich des Verwaltungsrechts die Frage nach deren Auswirkungen auf das Strafrecht. Dies sollen einige Beispiele verdeutlichen:

Einem Unternehmen wird aus unzutreffenden Gründen seine Erlaubnis zur Einleitung von Abwässern in ein Gewässer entzogen. Noch bevor sie wieder erteilt wird, leitet das Unternehmen Abwasser ein.

Ein Unternehmen beantragt für seine lärmintensive Betriebsstätte eine Genehmigung, beginnt aber bereits vor Genehmigungserteilung mit der Produktion.

Einem Unternehmen wird für seine emissionsträchtige Produktionsanlage, ohne daß die Genehmigungsvoraussetzungen vorliegen, eine Genehmigung erteilt, weil die Behörde hofft, dadurch in einem strukturarmen Gebiet Arbeitsplätze schaffen zu können / der genehmigende Beamte bestochen wurde / das Unternehmen verfälschte Unterlagen vorlegt.

Ein Unternehmen baut in einer als Naturschutzgebiet ausgewiesenen Fläche entgegen den Bestimmungen Bodenschätze ab. Die Naturschutzverordnung erweist sich als rechtswidrig.

Diese in den Beispielen aufgeworfenen Fragen lassen sich einheitlich nicht beantworten, sondern bedürfen einer Differenzierung in zweierlei Hinsicht:

— Die unterschiedlichen Folgen auf dem Gebiet des Verwaltungsrechts bei der Fehlerhaftigkeit verwaltungsrechtlicher Maßnahmen (Verwaltungsakte) einerseits und Regelungen (Normen) andererseits erfordern auch im Strafrecht eine getrennte Betrachtung.

— Außerdem liegt es nahe, danach zu differenzieren, ob sich die Fehlerhaftigkeit zu Gunsten oder zu Lasten des Bürgers auswirken würde.

I. Fehlerhafte Normen

Die fehlerhafte Norm scheint auf den ersten Blick selten zu sein und deshalb die Frage nach ihrer Auswirkung auf das Strafrecht keine praktische Bedeutung zu haben. Dies mag zwar für formelle Gesetze zutreffen, übersehen würde dabei aber, daß im Umweltstrafrecht weniger einer Akzessorietät zu formellen Gesetzen besteht als vielmehr zu Rechtsverordnungen (vgl. insbes. die „Smog"-Verordnungen nach § 49 BImSchG, die Heilquellen- und Wasserschutzgebiete oder Naturschutzgebiete ausweisenden Verordnungen in § 329, die Strahlenschutzverordnung und die Röntgenverordnung in § 311 d). Diese Normen in großer Zahl, insbesondere im Wasser- und Naturschutzrecht in der Regel von der Mittleren Verwaltungsbehörde erlassen, unterliegen deshalb einer weit größeren Fehleranfälligkeit als die formellen Parlamentsgesetze und geben dieser Frage durchaus praktische Bedeutung.

1. Belastende fehlerhafte Normen

Bei fehlerhaften Normen gilt der Grundsatz der ipso-iure-Nichtigkeit fehlerhafter Normen (formelle Gesetze, Rechtsverordnungen, Satzungen), der vom Grund und Grad der Fehlerhaftigkeit unabhängig ist[1]. Zwar hat dieser Grundsatz in neuerer Zeit in Literatur und Rechtsprechung teilweise Einschränkungen erfahren[2]. Daß diese Einschränkungen jedoch in den Fällen des Strafgesetzes nicht gelten können, ergibt sich bereits aus § 79 BVerfGG, der einem aufgrund eines später für nichtig erklärten Gesetzes Verurteilten die Verfahrenswiederaufnahme gibt[3].

Da Verwaltungsrechtsnormen im Umweltstrafrecht nicht nur als Blankettausfüllungen verwandt werden (§ 311 d), sondern zahlreiche normative Rechtsbegriffe (insbesondere in § 329) auf Rechtsverordnungen beruhen[4], führt das dazu, daß der Bürger nicht nur straflos bleibt, weil eine nichtige Verwaltungsnorm ein Strafblankett nicht auszufüllen vermag, sondern auch, weil es etwa bei § 329 Abs. 3 an dem Tatbestandsmerkmal des Naturschutzgebiets fehlt, wenn die das fragliche Gebiet zum Naturschutzgebiet erklärende Rechtsverordnung — und sei es nur wegen eines Formfehlers — fehlerhaft ist[5].

2. Begünstigende fehlerhafte Normen

Zahlreiche Normen geben dem Bürger unmittelbar ohne Zwischenschaltung eines Verwaltungsakts Befugnisse für umweltstrafrechtlich relevantes Verhalten[6].

---

[1] *Stern* Bd. I § 4 I 3, Bd. II § 44 V 3 g jeweils m. w. Nachw.
[2] Vgl. die Nachweise bei *Stern* Bd. II § 44 V 3 g und insbes. *Böckenförde* S. 1 ff.
[3] And. aber *Böckenförde* S. 144 f., der insbes. bei Formfehlerhaftigkeit eine Weitergeltung des nichtigen Gesetzes annehmen will.
[4] s. oben 1. Abschnitt (I. 3.).
[5] And. hier wohl *Böckenförde* S. 144 f.
[6] s. oben 1. Abschnitt (II. 3.); zur Frage, ob eine gemeindliche Abwassersatzung eine Befugnis i. S. des § 324 sein kann vgl. *Czychowski* ZfW 1980, 208.

Bei Anwendung des Grundsatzes der ipso-iure-Nichtigkeit fehlerhafter Normen führt dies dazu, daß eine auf fehlerhaften Normen beruhende Befugnis unwirksam ist und der Täter objektiv tatbestandsmäßig und rechtswidrig handelt[7]. Die Möglichkeiten, die dem Strafrecht im Bereich des subjektiven Tatbestandes bzw. der Schuld gegeben sind, dem Rechnung zu tragen, daß der Täter auf die Rechtmäßigkeit der Norm vertraut und sein Verhalten entsprechend eingerichtet hat, können hier nur angedeutet werden. Meist wird in diesen Fällen der — jedenfalls vorsätzliche — Unrechtstatbestand deshalb entfallen, weil der Täter, von der Wirksamkeit der begünstigenden Norm ausgehend, sich über die die Verwaltungswidrigkeit umschreibenden Tatbestandsmerkmale irrt (§ 16)[8]. Gibt eine (nichtige) Norm nämlich eine Befugnis zu einer umweltsstrafrechtsrelevanten Tätigkeit, so weiß der Täter, der im Vertrauen auf deren Wirksamkeit tätig wird, nicht, daß er „unbefugt" (§§ 324, 326) handelt bzw. gegen „verwaltungsrechtliche Pflichten" (§§ 311 d, 325) verstößt[9]. Ob dies allerdings auch in den Fällen gilt, in denen die (nichtige) Norm keine Befugnis gibt, sondern lediglich — als Ausnahme von der Regel — auf bestimmte verwaltungsrechtliche Pflichten verzichtet — z. B. auf die Ablieferungspflicht nach § 9 a Abs. 2 AtomG durch § 4 Abs. 4 Nr. 2 e StrSchVO, auf die Genehmigungspflicht nach § 9 AtomG durch § 4 Abs. 4 Nr. 1, Nr. 2 a—d StrSchVO —, ist dagegen zweifelhaft. Denn ebenso wie in den Fällen, in denen der Täter die gesetzlich angeordnete Pflicht zur Genehmigung bzw. Ablieferung nicht kennt, irrt er sich nicht über den das Unrecht der Tat begründenden Sachverhalt — er weiß, daß er die Handlung vornimmt und weiß auch, daß er dies ohne Genehmigung tut —, sondern nur darüber, daß dies (wegen der Nichtigkeit der die Pflicht einschränkenden Norm) verboten ist[10]. Die Unkenntnis über die Nichtigkeit der Norm ist dann nur ein, allerdings in der Regel, unvermeidbarer und damit die Schuld ausschließender Verbotsirrtum (§ 17).

II. Fehlerhafte Verfügungen

Viel gewichtiger als die Frage der Auswirkung von fehlerhaften Normen auf die Strafbarkeit ist die der fehlerhaften Verfügungen

---

[7] And. aber die neuere Ansicht, die in solchen Fällen das Vertrauen auf die Wirksamkeit der Norm dadurch schützen will, indem sie die Nichtigkeitsfolgen beschränkt; vgl. *Böckenförde* S. 112 f.
[8] In den Fällen, in denen sich die verwaltungsrechtliche Befugnis nicht erst aus einer Anordnung, sondern bereits aus dem Gesetz ergibt, ist auch das Merkmal „unbefugt" (§§ 324, 326) Tatbestandsmerkmal, vgl. oben 1. Abschnitt (II. 3).
[9] Vgl. dazu *F. C. Schroeder* LK § 16 RN 40 m. w. Nachw.
[10] *Horn* SK § 326 RN 20, Schönke/Schröder/*Lenckner* § 326 RN 14; and. wohl aber *Lackner* § 326 Anm. 5.

(Verwaltungsakte). Dies schon deshalb, weil diese Fälle ungleich häufiger sein werden, vor allem aber, weil das verwaltungsrechtliche Dogma der Wirksamkeit auch rechtswidriger Verwaltungsakte[1] im Zusammenhang mit ihrem Einfluß auf die Strafbarkeit dem Wunsch nach materieller Gerechtigkeit zu widersprechen scheint[2].

Während dieser Problemkreis im Zusammenhang mit der Strafbewehrung rechtswidriger Verwaltungsakte[3], insbesondere der rechtswidriger Verkehrszeichen[4], in die Diskussion geraten ist, stellt sich im Umweltstrafrecht die Frage umfassender: Es geht hier nicht allein um die strafbegründenden, also belastenden Verwaltungsakte, sondern auch um die Fälle, in denen fehlerhafte Verwaltungsakte den Täter begünstigen, ihm also eine Befugnis, Genehmigung usw. geben.

1. Fehlerhafte belastende Verwaltungsakte

Entsprechend der verwaltungsrechtlichen Regelung unterscheidet die h. M. auch im Strafrecht bei fehlerhaften (belastenden) Verwaltungsakten zwischen nichtigen und deshalb unwirksamen und bloß rechtswidrigen, aber wirksamen Verwaltungsakten. Während die einen auch für das Strafrecht keine Wirkung entfalten sollen, sei die verwaltungsrechtliche Wirksamkeit der anderen auch im Strafrecht beachtlich mit der Folge, daß (beim Vorliegen der übrigen Tatbestandsmerkmale) ein Verstoß gegen sie zur Strafbarkeit führt[5]. Daß dieses Ergebnis Bedenken erweckt, wenn man berücksichtigt, daß die §§ 311 d, 324 ff. allein die Umwelt bzw. die menschliche Gesundheit schützen wollen[6], liegt auf der Hand: So wird bestraft, wer einem materiell-rechtswidrigen und damit nicht dem Umweltschutz dienenden Verwaltungsakt zuwider handelt, während der straflos ausgeht, der gegen einen Verwaltungsakt verstößt, der materiell umweltschützend und von der Ermächtigungsnorm gedeckt deshalb nichtig ist, weil versehentlich die erlassende Behörde darin nicht bezeichnet wurde (vgl. § 44 Abs. 2 Nr. 1 VwVfG).

---

[1] Vgl. § 44 VwVfG.

[2] Vgl. Praxis des (schweiz.) Bundesgerichts 61, 646.

[3] Vgl. nur die gleichnamige Dissertation von *Arnhold*, sowie *Lagemann*, Der Ungehorsam gegenüber sanktionsbewehrten Verwaltungsakten und *Gornik*, Die Strafbarkeit von Zuwiderhandlungen gegen rechtswidrige Verwaltungsakte, jeweils m. w. Nachw.

[4] Vgl. nur BGHSt 23, 26, *Arnhold* DAR 1973, 64, *Janicki* JZ 1968, 94, *Mohrbotter* JZ 1971, 213, *Stern*, R. Lange-Festschrift S. 859. *Strauss* DAR 1970, 92.

[5] Vgl. z. B. BGHSt 23, 86, OLG Hamm MDR 1979, 516, *Ostendorf* JZ 1981, 167 m. w. Nachw. und speziell für das Umweltstrafrecht *Dreher/Tröndle* § 325 RN 3 a, b, *Horn* NJW 1981, 3, *Maurach/Schroeder* II/2 S. 45, *Sack* § 325 StGB RN 26, *Tiedemann*, Neuordnung, S. 43.

[6] Vgl. dazu z. B. Horn SK 2 vor § 324, Schönke/Schröder/*Cramer* 8 vor § 324.

II. Fehlerhafte Verfügungen

a) Nichtige Verwaltungsakte

Indessen wird man dieses Ergebnis akzeptieren müssen, soweit es die Unbeachtlichkeit der *nichtigen* Verwaltungsakte anlangt. Denn wenn man überhaupt das Prinzip von der Wirksamkeit fehlerhafter Verfügungen rechtfertigen kann, so damit, daß eine Vermutung für die Rechtmäßigkeit des Verwaltungshandelns besteht, was dann aber auch bedeuten muß, daß in den Fällen, in denen eine Rechtmäßigkeit *evident* nicht gegeben ist, die Verfügung nichtig und deshalb unbeachtlich sein muß[7]. Insoweit kann für den Verwaltungsakt nichts anderes gelten als für die fehlerhafte Norm. Außerdem fehlt es — da nichtige Verwaltungsakte nicht vollstreckbar sind[8] — bei den meisten Tatbeständen ohnehin am Tatbestandsmerkmal der „vollziehbaren" Anordnung.

b) Wirksame fehlerhafte Verwaltungsakte

Damit sind aber nicht die Bedenken beseitigt, die sich gegen die Strafbewehrung der rechtswidrigen, aber wirksamen Verwaltungsakte ergeben. Der strafrechtliche Gesichtspunkt des mangelnden Rechtsgüterschutzes wird dabei noch durch Rechtsstaatserwägungen gestützt: Wenn die rechtsstaatliche Zulässigkeit eines verwaltungsaktakzessorischen Tatbestandes gerade damit begründet wurde, daß die Verwaltung gesetzesgebunden durch ihre Akte lediglich das Gesetz für den Einzelfall konkretisiere, so muß auch dies gegen die Strafbewehrung der rechtswidrigen Verwaltungsakte sprechen[9]. Angesichts dieser Einwände und der zunehmenden Bedeutung der Verwaltungsakte im Strafrecht kann deshalb die Position der h. M. so nicht hingenommen werden.

aa) Die Strafbewehrung wirksamer rechtswidriger Verwaltungsakte

Für das Umweltstrafrecht unzutreffend ist die Begründung des überwiegenden Teils der h. M., die die Strafbewehrung der rechtswidrigen Verwaltungsakte allein mit der Pönalisierung des Ungehorsams bzw. dem Schutz des staatlichen Ordnungssystems rechtfertigt[10].

---

[7] Ganz h. M., vgl. z. B. *Lorenz* DVBl. 1971, 166 m. w. Nachw.; a. A. aber *Bachof* DÖV 1967, 133 (Verkehrszeichen).

[8] Vgl. z. B. *Eyermann/Fröhler* § 42 Anh. RN 1.

[9] Dieser Rechtsstaatsgedanke trifft zwar nicht für die Fälle zu, in denen ein begünstigender Verwaltungsakt rechtswidrig nicht erteilt wird bzw. zurückgenommen wird. Hier ergibt sich die Strafbarkeit unmittelbar aus dem Gesetz — der Bürger handelt „unbefugt" bzw. verstößt gegen „verwaltungsrechtliche Pflichten", weil er eine erforderliche Genehmigung für seine Tätigkeit nicht hat —, an einer Rechtsgutsverletzung fehlt es aber in diesen Fällen ebenfalls, so daß der strafrechtliche Aspekt auch hier gegen eine Bestrafung spricht.

[10] BGHSt 23, 92, BayObLGSt 1962, 26.

Diese Gesichtspunkte können zwar die „Strafbewehrung" rechtswidriger Verkehrszeichen begründen, denn die Sicherheit und Leichtigkeit des Straßenverkehrs (§ 1 Abs. 2 StVO) ist nur gewährleistet, wenn auch das Ordnungssystem rechtswidriger Verkehrszeichen von allen Verkehrsteilnehmern anerkannt wird, da oft dem den einen Verkehrsteilnehmer (rechtswidrig) belastenden Verkehrszeichen eine den anderen Verkehrsteilnehmer begünstigende Regelung entspricht, auf die dieser vertraut[11].

Eine vergleichbare Situation ist dagegen im Umweltstrafrecht nicht anzutreffen, so daß die sog. Verkehrszeichenentscheidung des Bundesgerichtshofs[12], die für die h. M. auch im Umweltstrafrecht geradezu präjudizierend zu sein scheint[13], hier einer anderen Lösung nicht entgegensteht[14].

bb) Die Kritik an den Korrekturversuchen

In zunehmendem Maß wird deshalb bei verwaltungsaktsabhängigen Straftatbeständen bei der Rechtswidrigkeit des Verwaltungsakts eine Strafbarkeit abgelehnt. Dieses Ergebnis mag zwar in der Sache befriedigen, jedoch führt seine Begründung zu dogmatischen Schwierigkeiten. Im wesentlichen werden hierzu drei Ansichten vertreten: Einmal: die Wirksamkeit von Verwaltungsakten losgelöst vom Verwaltungsrecht für das Strafrecht eigenständig zu definieren (1), zum anderen der Weg über eine Einschränkung der Strafbarkeit auf rechtmäßige Verwaltungsakte (2) und schließlich die Möglichkeit, durch einen Strafausschließungsgrund dem Rechnung zu tragen, daß der Täter bei Verstoß gegen einen rechtswidrigen Verwaltungsakt zwar dem Straftatbestand zuwider handelt, das geschützte Rechtsgut im konkreten Fall jedoch nicht verletzt wird (3).

(1) Eine eigenständige, vom Verwaltungsrecht losgelöste Nichtigkeitsregelung für Verwaltungsakte im Strafrecht[15] könnte, ebenso wie der eigenständige Rechtmäßigkeitsbegriff für das Verwaltungshan-

---

[11] BGHSt 23, 86 (92), *Brehm*, Gefährdungsdelikt, S. 141 f., Schönke/Schröder/*Cramer* 21 vor § 324. Bedenklich allerdings, wenn mit dem Schutz des staatlichen Ordnungssystems auch die Strafbarkeit einer Verletzung eines rechtswidrigen öffentlich-rechtlichen Hausverbots begründet wird, so aber BGH NStZ 1982, 158, OLG Hamburg NJW 1980, 1007 m. Anm. *Oehler* JR 1981, 31, OLG Hamm NJW 1979, 728, OLG Karlsruhe NJW 1978, 117, JR 1980, 342; dagegen aber *Arnhold* JZ 1977, 789, *Dingeldey* NStZ 1982, 160, *Gerhards* NJW 1978, 86, Schönke/Schröder/*Lenckner* § 123 RN 20, *Rudolphi* SK § 123 RN 35 a.

[12] BGHSt 23, 86.

[13] *Dreher/Tröndle* § 325 RN 3 a, *Rogall* JZ-GD 1980, 105, *Tiedemann*, Neuordnung, S. 39.

[14] Ebenso *Arnhold* JZ 1977, 790, Schönke/Schröder/*Cramer* 21 vor § 324, *Haaf* S. 268 f.

[15] *Gornik* S. 125, *Lorenz* DVBl. 1971, 170.

II. Fehlerhafte Verfügungen

deln in § 113 StGB[16], berücksichtigen, daß das Strafrecht dem Rechtsgüterschutz dient und müßte deshalb am Rechtsgut der jeweiligen Strafrechtsnorm orientiert sein. Im Umweltstrafrecht könnten demgemäß Verwaltungsakte nur dann Wirksamkeit beanspruchen, wenn sie objektiv geeignet sind, die Rechtsgüter der §§ 311 d, 324 ff. zu schützen[17]. Einer solchen Lösung steht jedoch die sog. Tatbestandswirkung der Verwaltungsakte entgegen, die jedenfalls darin besteht, daß das Strafrecht vom Vorhandensein eines Verwaltungsakts auszugehen hat[18]. Soll diese Wirkung aber nicht ausgehöhlt werden, so ergibt sich daraus gleichzeitig, daß sich die Frage der Nichtigkeit und damit der Unbeachtlichkeit des Verwaltungsakts nach den gleichen Kategorien zu richten hat, die den Erlaß dieser Akte regeln; es kann deshalb im Strafrecht keine vom Verwaltungsrecht abweichenden Nichtigkeitsgründe für Verwaltungsakte geben[19].

(2) Die meisten Anhänger findet deshalb die Beschränkung der Strafbarkeit auf rechtmäßige Verwaltungsakte. Dabei werden im einzelnen Differenzierungen dahingehend vertreten, daß teilweise verlangt wird, daß die Rechtmäßigkeit im Verwaltungsrecht festgestellt werden müsse[20], während andere unabhängig von einer verwaltungsrechtlichen Entscheidung dies im Strafrecht berücksichtigt sehen wollen[21]. Dementsprechend wird als Begründung die ex-tunc-Aufhebung des rechtswidrigen Verwaltungsakts im Verwaltungsrechtsweg, die auch den Tatbestand entfallen lassen müsse, herangezogen[22], während die anderen die Rechtmäßigkeit des Verwaltungsakts als ungeschriebenes Tatbestandsmerkmal sehen bzw. die Beschränkung der Strafbarkeit auf rechtmäßige Verwaltungsakte aus dem Rechtsstaatsprinzip und Art. 103 GG entnehmen[23] oder aus dem Folgenbeseitigungsan-

---

[16] Vgl. dazu Schönke/Schröder/*Eser* § 113 RN 21 ff.
[17] In diesem Sinne RGSt 29, 50, BayObLG JW 1934, 2266 Nr. 1, OLG Frankfurt NJW 1969, 1917 und für den Bereich der Zivilgerichte vgl. die Nachweise bei *Jesch* S. 123 FN 7.
[18] Ob darüber hinaus die Tatbestandswirkung weitergehend die Bedeutung einer Gestaltungswirkung hat mit der Folge, daß im Strafrecht nicht nur vom Vorliegen des Aktes auszugehen ist, sondern auch sein Inhalt für das Strafrecht als vorgegeben hinzunehmen ist (so insbes. *Kormann* AöR 30, 255 ff.), braucht hier nicht entschieden zu werden (vgl. dazu *Haaf* S. 81 ff.).
[19] *Jesch* S. 127, *Lagemann* S. 48.
[20] So wohl OLG Frankfurt NJW 1967, 262, *Gornik* S. 138, *Stern*, Lange-Festschrift S. 864, 869 f., 875.
[21] *Janicki* JZ 1968, 96 (allerdings soll eine Bindung vorliegen, sofern im Verwaltungsrecht rechtskräftig entschieden ist), *Lorenz* DVBl. 1971, 172.
[22] OLG Frankfurt NJW 1967, 262, *Gornik* S. 74 ff., *Janicki* JZ 1968, 95, *Schenke* JR 1970, 453.
[23] *Giacometti*, Verwaltungsrecht, S. 320, *Haaf* S. 261 ff., *Janicki* JZ 1968, 96, *Stern*, Lange-Festschrift S. 863.

spruch nach dem Vollzug rechtswidriger Verwaltungsakte herleiten wollen[24].

Soweit sich diese Ansichten auf das Rechtsstaatsprinzip, das Gesetzlichkeitsprinzip des Strafrechts (Art. 103 GG) oder den Folgenbeseitigungsanspruch berufen, formulieren sie lediglich ihr Unbehagen gegen die Lösung der h. M., bleiben aber eine konstruktive Lösung schuldig. Aber auch die Begründung über die Rückwirkungsfiktion der Aufhebung des strafbewehrten Verwaltungsakts mit der Folge, daß damit das Unrecht der Tat (rückwirkend) beseitigt sein soll[25], ist mit strafrechtlichen Kategorien schwerlich in Einklang zu bringen, kann doch einmal verwirklichtes Unrecht nicht nachträglich entfallen[26]. Vielmehr dürfte von Anfang an der Verstoß gegen den rechtswidrigen Verwaltungsakt kein strafrechtliches Unrecht verwirklichen; die Rechtmäßigkeit des Verwaltungsakts müßte also (ungeschriebenes) Tatbestandsmerkmal sein. Dieser Auslegung scheint sogar der Wortlaut einiger Umweltstraftatbestände entgegenzukommen: Sie verbieten nämlich nicht die Verletzung verwaltungsrechtlicher Anordnungen schlechthin, sondern es müssen Anordnungen sein, die „dem Schutz vor schädlichen Umwelteinwirkungen" (§ 325), „ionisierenden Strahlen" (§ 311 d) dienen oder Untersagungen oder Anordnungen, die auf dem BImSchG oder dem Abfallbeseitigungsgesetz beruhen (§ 327) oder aufgrund einer Rechtsverordnung zum BImSchG ergangen sind (§ 329).

Diese Tatbestandsfassung könnte es nahelegen, die Strafbarkeit auf rechtmäßige Verwaltungsakte zu beschränken, denn rechtswidrige Verwaltungsakte dienen im Rahmen der rechtsstaatlichen Ordnung nicht dem Schutz der Umwelt, insbesondere aber beruhen sie nicht auf dem Gesetz bzw. sind sie nicht aufgrund eines Gesetzes ergangen.

Allerdings läßt der Wortlaut auch eine andere Auslegung zu: Die genannten Einschränkungen haben lediglich die Aufgabe, die strafbewehrten Verfügungen auf solche zu beschränken, die sachlich aus dem Umweltstrafrecht stammen, also z. B. ein Verstoß gegen eine Anordnung aus dem Baurecht keine Strafbarkeit nach den §§ 311 d, 324 ff. auslösen kann[27]. Diese Auslegung ist schließlich auch durch sachliche

---

[24] *Schenke* JR 1970, 450, *Stern* aaO S. 863.
[25] So jedenfalls OLG Frankfurt NJW 1967, 262: „Da die Rechtspflicht des Angeklagten ... rückwirkend entfallen ist, handelt der Angeklagte nicht rechtswidrig ...". Vgl. auch die Kritik bei *Haaf* S. 229 f.
[26] *Tiedemann*, Neuordnung, S. 39.
[27] Vgl. *Dreher/Tröndle* § 325 RN 3, *Triffterer*, Umweltstrafrecht, S. 193 f., 197; so wohl auch die ganz h. M., die zwar diese Problematik nicht anspricht, deren Ansicht sich aber aus der Bejahung der Strafbewehrung der rechtswidrigen Verwaltungsakte ergibt. Allerdings hätte der Gesetzgeber auf die Formulierung dieser Einschränkung verzichten können, ergibt sie sich doch schon aus der systematischen Auslegung des Gesetzes; andererseits kommt ihr jedoch klarstellende Funktion zu.

II. Fehlerhafte Verfügungen

Gesichtspunkte gerechtfertigt, denn die Beschränkung der Tatbestandsmäßigkeit auf rechtmäßige Verwaltungsakte würde zu erheblichen Strafbarkeitslücken führen: Zum einen würden wegen Formfehler rechtswidrige Verwaltungsakte[28] trotz ihres materiell-rechtlich umweltschützenden Charakters den Gesetzestatbestand nicht ausfüllen[29], zum anderen hätte der (Rechts-)Irrtum über die Rechtmäßigkeit eines Verwaltungsakts die Folge, daß der Täter bei der Strafnorm einem Tatbestandsirrtum i. S. des § 16 unterliegen würde und allenfalls wegen Fahrlässigkeit bestraft werden könnte[30].

(3) Diese Strafbarkeitslücken würden vermieden, wenn man der Ansicht folgte, daß die Rechtmäßigkeit der Verfügung nicht Tatbestandsmerkmal sei, sondern ihre Rechtswidrigkeit nur zu einem Strafausschließungs- bzw. Strafaufhebungsgrund[31] unter dem Gesichtspunkt führe, daß der Verstoß dagegen die geschützten Rechtsgüter nicht verletzen könne, wobei der Verwaltungsakt nur aus materiellen und nicht aus formellen Gründen rechtswidrig sein dürfe[32]. Nach dieser Lösung ist nämlich der Irrtum über die Rechtswidrigkeit des Verwaltungsakts als Irrtum über das Vorliegen eines Strafaufhebungsgrundes unbeachtlich[33] mit der Folge, daß der Täter das Risiko der Bestrafung trägt, wenn er einem Verwaltungsakt zuwider handelt[34].

Begründet wird diese Ansicht damit, daß das Gesetz im Interesse eines möglichst wirksamen Rechtsgüterschutzes und auf der Grundlage der Vermutung der Rechtmäßigkeit von Staatsakten einen Verstoß gegen behördliche Anordnungen im Umweltstrafrecht zwar generell verbiete, aber der Strafausschließungs- bzw. Strafaufhebungsgrund als Korrektiv in den Fällen diene, in denen der Vermutung zuwider der fragliche Verwaltungsakt rechtswidrig sei und sich der Unwert der Tat deshalb im bloßen Ungehorsam gegen eine behördliche Entscheidung erschöpfe[35]. Aber auch diese Lösung kann zahlreiche

---

[28] § 45 VwVfG heilt Verfahrensfehler nur bei Nachholung.
[29] Vgl. dazu auch *Lagemann* S. 111 f.
[30] *Lagemann* S. 113 f.; dies spricht auch gegen den neuerdings von *Rudolphi* (NStZ 1984, 252 f.) angenommenen Rechtfertigungsgrund der Genehmigungsfähigkeit der Anlage.
[31] Schönke/Schröder/*Cramer* 21 vor § 324 (Strafaufhebungsgrund), Schönke/Schröder/*Lenckner* 130 a vor § 32, § 123 RN 20 (Strafausschließungsgrund), wobei sich die unterschiedliche Terminologie daraus ergibt, daß Lenckner von dem Faktum der Rechtswidrigkeit von Anfang an ausgeht, während Cramer auf dem prozessualen Aufhebungsgrund abstellt (vgl. Schönke/Schröder/*Lenckner* 130 a vor § 32); ebenso OLG Celle NJW 1977, 444 (Rechtmäßigkeit des Verwaltungsakts als objektive Strafbarkeitsbedingung, was in der Sache auf dasselbe hinausläuft).
[32] Vgl. Schönke/Schröder/*Cramer* 22 vor § 324.
[33] Vgl. z. B. *Jescheck*, Strafrecht, S. 448; vgl. aber auch unten dd).
[34] Schönke/Schröder/*Cramer* 21 vor § 324.
[35] Schönke/Schröder/*Lenckner* 130 a vor § 32.

Fälle nicht befriedigend lösen und ist in ihrer Begründung widersprüchlich. Widersprüche hat die Begründung insoweit, als sie den Strafausschluß einerseits von der Entkräftung der gesetzlichen Vermutung der Rechtmäßigkeit der Staatsakte abhängig macht und andererseits in diesen Fällen vom Nichtvorliegen einer Rechtsgutsverletzung ausgeht. Damit werden aber zwei Gesichtspunkte vermengt, die nichts miteinander zu tun haben. Abgesehen davon, daß man allein mit der Vermutung der Rechtmäßigkeit des Verwaltungsakts kein strafrechtliches Unrecht begründen kann, wenn bereits im Bereich des Verwaltungsrechts in der Regel keine Maßnahme vollzogen werden kann, solange die Möglichkeit des Rechtsbehelfsverfahrens besteht[36], wird diese Vermutung auch bei verwaltungsrechtlichen Formfehlern entkräftet, so daß das Strafbedürfnis dann entfallen müßte, ohne daß es jedoch an einer Rechtsgutsverletzung fehlen würde. Aber selbst beim Verstoß gegen einen aufgrund materiellen Rechts rechtswidrigen Verwaltungsakt kann das geschützte Rechtsgut verletzt sein. Ist z. B. der ein umweltrelevantes Verhalten untersagende Verwaltungsakt wegen Verstoßes gegen das Übermaßverbot rechtswidrig, so kann eine Zuwiderhandlung gegen ihn dennoch die geschützten Rechtsgüter verletzen, wenn nämlich das Verhalten des Täters auch gegen ein sich im Rahmen des Verhältnismäßigkeitsgrundsatzes haltendes Verbot verstoßen würde. Andererseits folgt aber aus einem Verstoß gegen einen rechtmäßigen Verwaltungsakt nicht zwingend eine Verletzung des geschützten Rechtsguts. Dies zeigt sich schon bei Auflagen, wenn diese nicht unmittelbar umweltschützenden, sondern nur flankierenden Charakter haben (z. B. die Auflage, einen Umweltschutzbeauftragten zu bestellen, Beamten des Wasserwirtschaftsamtes Kontrollmessungen auf dem Betriebsgelände zu ermöglichen)[37]. Noch deutlicher wird dies bei Verstößen gegen rechtmäßige Verfügungen in den Fällen der Anscheinsgefahr. Hier ist ein Verwaltungsakt rechtmäßig, ohne daß er objektiv geeignet ist, Rechtsgüter zu schützen[38].

Damit haben sich die bislang vertretenen Ansichten weder in ihren Ergebnissen noch in ihren Begründungen für eine Korrektur der verwaltungsaktsabhängigen Tatbestände als zutreffend erwiesen.

---

[36] *Bettermann*, Jellinek-Festschrift S. 379.
[37] Dementsprechend ist die Rechtslage bei Verstößen gegen solche Auflagen umstritten, vgl. z. B. Schönke/Schröder/*Cramer* § 324 RN 12.
[38] Der Erlaß eines gefahrabwehrenden Verwaltungsakts ist nämlich bereits dann *gerechtfertigt*, wenn ein verständiger, besonnener und sachkundiger Amtswalter in seiner konkreten Situation einen Schadenseintritt für hinreichend wahrscheinlich halten durfte, auch wenn bei Anwendung höchstens menschlichen Erfahrungswissens die Ungefährlichkeit erkennbar gewesen wäre; vgl. dazu *Hoffmann-Riem*, Wacke-Festschrift S. 331.

cc) Die Verwaltungsaktsabhängigkeit als Umschreibung eines Gefährdungssachverhaltes

Ausgangspunkt einer Lösung muß die Erkenntnis sein, daß sich die Frage der Auswirkungen fehlerhafter Verfügungen auf die Strafbarkeit nicht für alle verwaltungsaktsabhängigen Straftatbestände einheitlich beantworten läßt[39], sondern dies von der Ausgestaltung des jeweiligen Straftatbestandes in bezug auf den Verwaltungsakt und der Bedeutung des Verwaltungsakts für das Rechtsgut des Tatbestandes abhängt[40]. So kann es beispielsweise bei Tatbeständen, die den staatlichen Vollzugsakt selbst und dessen ausführende Organe schützen (§ 113), jedenfalls nicht auf die verwaltungsrechtliche Rechtmäßigkeit ankommen[41].

Bei den Umweltstraftatbeständen haben die Verwaltungsakte zwar keine eigenständige Rechtsgutsbedeutung, aber immerhin eine Hilfsfunktion bei der Beschreibung der geschützten Umweltgüter. Sie sollen die geschützten Rechtsgüter konkreter fassen[42] und die zu ihrem Schutz im einzelnen verbotenen bzw. erlaubten Verhaltensweisen für den Bürger festlegen. Die meisten Tatbestände schützen nämlich die einschlägigen Rechtsgüter nicht schlechthin — denn würde z. B. § 325 jede Lärmverursachung bzw. Luftverschmutzung bereits bei Gesundheitsschädigungseignung bestrafen, so würden unter die Strafvorschrift unzählige alltägliche menschliche Verhaltensweisen fallen, da eine Gesundheitsschädigungseignung bei keiner Lärmverursachung ausgeschlossen werden kann —, vielmehr wird der Schutz des Rechtsguts nur auf verwaltungswidrige Verhaltensweisen begrenzt, was zur Folge hat, daß das Verwaltungsrecht den Umfang des geschützten Rechtsguts beschreibt. Bei dieser Einschränkung handelt es sich nicht um eine bloße gesetzliche Normierung der Sozialadäquanz, denn privilegiert werden dadurch auch Handlungen, die sich im sozialen Leben nicht gänzlich unverdächtig im Rahmen der sozialen Handlungsfreiheit bewegen[43], sondern die als gefährlich bekannt sind und deshalb einer speziellen behördlichen Prüfung und Zulassung bedürfen. Angesichts des Umstands, daß die verwaltungsrechtliche Anordnung also den Schutz der Rechtsgüter ohnehin schon einschränkt, könnte man versucht sein, dann aber wenigstens bei einem Verstoß gegen diese Anordnung eine Rechtsgutsverletzung anzunehmen. Damit würde aber verkannt, daß die Verwaltung der Gesetzesbindung unterliegt (Art. 20

---

[39] Siehe bereits oben 1. Abschnitt (II. 2.) und *Haaf* S. 241.
[40] *Ostendorf* JZ 1981, 173 f.
[41] Vgl. deshalb den strafrechtlichen Rechtmäßigkeitsbegriff bei § 113 und dazu Schönke/Schröder/*Eser* § 113 RN 21.
[42] BT-Drs. 8/2382 S. 10.
[43] BGHSt 23, 228; darunter würde z. B. der Straßenverkehr fallen, der bei § 325 ohnehin vom Tatbestand ausgenommen wird.

Abs. 3 GG) und der Verwaltungsakt deshalb die Einschränkung des Rechtsgüterschutzes nicht konstitutiv vornimmt, sondern sie deklaratorisch aufgrund der einschlägigen Umweltverwaltungsnormen (Gesetze und Verordnungen) erfolgt[44]. Wenn nun aber die Umweltverwaltungsgesetze und ihre Ausführungsverordnungen die eigentlichen Bestimmungsnormen für den Umfang des Rechtsgüterschutzes sind, so läge es doch nahe, die Kategorien des rechtmäßigen (auf den Gesetzen beruhenden) Verwaltungsakts und des rechtswidrigen (ohne entsprechende gesetzliche Grundlage ergangenen) Verwaltungsakts auch als die entscheidenden Kategorien für das Vorliegen oder Nichtvorliegen einer Rechtsgutsverletzung zu sehen[45]. Dies ist aber nicht zutreffend: Von vornherein auszunehmen sind formelle Fehler, da sie mit dem materiellen Rechtsgüterschutz nichts zu tun haben[46]. Aber auch der materielle Rechtmäßigkeits- bzw. Rechtswidrigkeitsbegriff des Verwaltungsrechts — mag er auch in den meisten Fällen sogar zutreffen — erfaßt, wie bereits oben gezeigt, die eigentliche Problematik und damit Grenzfälle nicht, da in ihn Komponenten einfließen, etwa der Verhältnismäßigkeits- und Gleichbehandlungsgrundsatz oder das Institut der Anscheinsgefahr, die nicht ausschließlich auf die im Strafrecht interessierende Frage des Rechtsgüterschutzes und der Rechtsgutsverletzung zugeschnitten sind.

Die Frage kann deshalb nicht lauten, ob die Rechtswidrigkeit des Verwaltungsakts Auswirkungen auf die Strafbarkeit hat, sondern muß dahingehend umformuliert werden, ob auch der Täter bestraft werden kann, der zwar gegen einen Verwaltungsakt (sei er rechtmäßig oder rechtswidrig) verstößt, damit aber nicht den materiellen Bestimmungen der Ermächtigungsgrundlage im Umweltgesetz zuwider handelt. Nur in diesen Fällen werden trotz formeller Tatbestandserfüllung durch die konkrete Handlung die geschützten Rechtsgüter weder verletzt noch konkret gefährdet.

Allerdings ist es keineswegs zwingend, daß ein solches Handeln kein strafbares Unrecht verwirklicht und deshalb straflos bleiben müßte. Es steht dem Gesetzgeber nämlich frei, zum Zwecke eines umfassenden und rechtzeitigen Rechtsgüterschutzes auch ohne konkrete Rechtsgutsgefährdung oder gar Verletzung bereits bestimmte Verhaltensweisen unter Strafe zu stellen, sofern sie nur für das zu schützende Rechtsgut (abstrakt) gefährlich sein können[47]. Bei der Gestaltung sol-

---

[44] Vgl. oben 1. Abschnitt (II. 2.).
[45] So insbes. *Arnhold* S. 141.
[46] Schönke/Schröder/*Cramer* 21 vor § 324; and. aber *Arnhold* S. 144 f., der darauf abstellt, daß die allgemeine Handlungsfreiheit (Art. 2 Abs. 2 GG) nicht durch einen rechtswidrigen Verwaltungsakt eingeschränkt werden dürfe.
[47] Vgl. *Gallas*, Heinitz-Festschrift S. 174, *Ostendorf* JZ 1981, 171.

cher Tatbestände muß der Gesetzgeber naturgemäß typische Gefahrensituationen erfassen, ohne dabei auf den atypischen konkreten Einzelfall Rücksicht nehmen zu können[48], so daß im Einzelfall auch ungefährliche Handlungen den formellen Tatbestand erfüllen. Der Unrechtsgehalt dieser sog. abstrakten Gefährdungsdelikte ergibt sich — ohne daß irgendein Erfolgsunwert, sei es als Verletzung oder konkrete Gefährdung, eintritt — allein aus dem sich in der gefährlichen und deshalb verbotenen Handlung verwirklichenden Handlungsunrecht[49].

Dieses Gesetzestypus' hat sich der Gesetzgeber überwiegend auch im Umweltstrafrecht bedient[50]: So verlangen die §§ 311 d, 325, 326 Abs. 1 Nr. 1, Nr. 3, 329 Abs. 1 Handlungen, die eine bloß generelle Eignung zu schädlichen Auswirkungen mit sich bringen, während die §§ 326 Abs. 1 Nr. 2, 327, 328, 329 Abs. 2, Abs. 3 sogar weitergehend bereits Handlungen verbieten, bei denen der Gesetzgeber davon ausgeht, daß sie gefährlich sein könnten. Auch § 324 gehört in diese letztere Kategorie; als Erfolgsdelikt ausgestaltet ist diese Vorschrift in der Sache nichts anderes als ein abstraktes Gefährdungsdelikt[51], denn das Rechtsgut „Wasser" als notwendige Lebensgrundlage für Mensch und Natur[52] wird durch die Verschmutzung *eines* „rauschenden klaren Bächleins"[53] nicht verletzt, sondern nur (abstrakt) gefährdet.

Allein dieses abstrakt gefährliche Handeln konnte und wollte der Gesetzgeber in den meisten Tatbeständen nicht genügen lassen, um typisches Unrecht zu beschreiben; vielmehr hielt er dafür zusätzlich die Verwaltungswidrigkeit dieser Handlung für erforderlich[54]. Teilweise sind nämlich diese gefährlichen Verhaltensweisen in unserer Gesellschaft notwendig oder gar gewünscht, so daß ihre bloße Vornahme kein strafrechtliches Unrecht darstellen kann; dies trifft insbesondere für §§ 326, 327, 328 zu: das Beseitigen auch gefährlicher Ab-

---

[48] BGHSt 26, 123, BGH NStZ 1982, 421, Schönke/Schröder/*Cramer* 3 a vor § 306.
[49] Vgl. z. B. *Bohnert* JuS 1984, 182 f. m. w. N.
[50] And. nur § 330 (konkretes Gefährdungsdelikt) und § 330 a (erfolgsqualifiziertes Delikt).
[51] Albrecht/Heine/Meinberg ZStW 96, 953, Hümbs-Krusche/Krusche S. 213 (für den mit § 324 in der Ausgestaltung identischen § 38 WHG a. F.), *Tiedemann*, Neuordnung, S. 30; vgl. auch *F. C. Schroeder*, Gefährdungsdelikte, S. 17; and. aber z. B. *Horn* SK § 324 RN 2, *Rudolphi*, Dünnebier-Festschrift S. 561, ZfW 82, 197 (widersprüchlich allerdings deshalb, weil das nach seiner Ansicht „wahre Schutzgut" des § 324, nämlich der Schutz des Wasserhaushalts [so auch GenStA Hamm NStZ 84, 219], durch die Verunreinigung eines einzelnen Gewässers noch nicht verletzt ist; klarstellend jetzt allerdings in NStZ 1984, 194 ff.), *Sack* § 324 StGB RN 6; vgl. zum Ganzen umfassend *Papier* S. 1 ff.
[52] *Horn* SK § 324 RN 2.
[53] *Armin Kaufmann* JZ 1971, 575.
[54] Zu den Ausnahmen bei § 324 und § 326 vgl. unten.

fälle, das Errichten von Atomanlagen oder der Umgang mit Kernbrennstoffen muß trotz der damit verbundenen Gefahren zulässig sein. Eine mit dem Strafrecht zu bekämpfende Gefahr stellen diese Tätigkeiten erst dann dar, wenn sie der Kontrolle der Behörden entzogen sind, also außerhalb zugelassener Anlagen oder ohne Genehmigung vorgenommen werden oder entgegen der zur Abwehr von Gefahren angeordneten behördlichen Auflagen erfolgen. Zum anderen Teil sollten diese gefährlichen Handlungen zwar grundsätzlich weder notwendig noch erwünscht sein, wie etwa der Betrieb von Anlagen, die die Gesundheit zu schädigen geeignet sind (§ 325, ähnlich bei § 311 d), jedoch war dem Gesetzgeber diese Gefährlichkeitsumschreibung als Verhaltenssteuerung zu wenig bestimmt, um daran strafrechtliche Folgen zu knüpfen[55] und es bedurfte dafür einer Konkretisierung durch das Verwaltungsrecht. Außerdem wären sonst — wie schon oben dargestellt — heute trotz ihrer Schädigungswirkung wirtschaftlich noch für notwendig gehaltene Anlagen (z. B. Kohlekraftwerke mit dem heute üblichen Immissionsschutz) unter diese Strafnorm gefallen.

Damit stellen sich die genannten Umweltstraftatbestände als abstrakte Gefährdungsdelikte dergestalt dar, daß die für den strafrechtlichen Gefährdungstatbestand erforderliche Rechtsgutsgefährdung nur dann vorliegt, wenn der Täter die im Tatbestand umschriebene umweltgefährliche Handlung vornimmt und dieses Verhalten *außerdem* verwaltungswidrig ist; mit anderen Worten: die Verwaltungswidrigkeit ist erforderlich, um eine strafrechtliches Unrecht verwirklichende Gefährlichkeit der Handlung zu begründen.

dd) Die Korrektur abstrakter Gefährdungsdelikte

Hat nun die Verwaltungswidrigkeit allein den Zweck, die abstrakt (umwelt-)gefährlichen Handlungen zu beschreiben, so könnte man annehmen, daß — bei Zugrundelegung des Grundsatzes, daß beim abstrakten Gefährdungsdelikt schon die typischerweise gefährliche Handlung bestraft wird, ohne daß es auf die Prüfung im Einzelfall ankommen soll, ob das geschützte Rechtsgut tatsächlich gefährdet wurde[56] — die Rechtswidrigkeit bzw. — genauer — der im Einzelfall

---

[55] BT-Drs. 8/2382; kritisch dazu aber *Tiedemann*, Neuordnung, S. 23, *Triffterer*, Umweltstrafrecht, S. 96 ff., die in der Kumulation von Gefährdungseignung und verwaltungswidrigem Verhalten eine doppelte Einschränkung des Rechtsgüterschutzes sehen. Jedenfalls nach den Vorstellungen des Gesetzgebers ist dies nicht der Fall: Durch diese zweifache Einschränkung wird deshalb nicht der materielle Umweltschutz beeinträchtigt, weil die verwaltungsrechtliche Genehmigung nur erteilt werden darf, wenn Gefahren (prognostisch) ausgeschlossen sind (§§ 5, 6 BImSchG), vielmehr wird dadurch lediglich bei Prognosefehlern im Genehmigungsverfahren der Betreiber vom Risiko des Strafverfahrens befreit.

[56] BGHSt 26, 123, BGH NStZ 1982, 421.

nicht umweltschützende Charakter einer Verfügung keinen Einfluß auf die Strafbarkeit des Täters haben kann. Denn typischerweise werden ohnehin schon gefährliche Verhaltensweisen, die zudem gegen Anordnungen der Umweltbehörden verstoßen, die zu schützenden Rechtsgüter gefährden, und die Berücksichtigung einer im Einzelfall vorliegenden Ungefährlichkeit könnte dem Zweck der Norm, als abstraktes Gefährdungsdelikt für einen umfassenden und rechtzeitigen Schutz der Rechtsgüter zu sorgen, zuwider laufen[57]. Daran ist zwar richtig, daß es bei Verstößen gegen abstrakte Gefährdungsdelikte auf den Eintritt einer konkreten Gefahr nicht ankommen kann[58], sich also ein Anlagenbetreiber nicht entlasten kann, dem aufgrund geltender Normen die Emissionen seiner Anlage auf 10 Schadstoffeinheiten beschränkt werden, der aber 20 Einheiten emittiert, es aber wegen der günstigen Witterung zu keiner konkreten Gefahr für Umwelt und Mensch kommt. Darum geht es hier jedoch nicht, sondern es geht — um bei diesem Beispiel zu bleiben — darum, ob der Anlagenbetreiber bestraft werden kann, der gegen eine — rechtswidrige —, seine Emissionen auf 5 Schadstoffeinheiten beschränkende Auflage verstößt, der sich aber — und dies ist entscheidend — mit seinen Emissionen im *gesetzlich* vorgeschriebenen Rahmen von 10 Schadstoffeinheiten hält. In diesem Fall nämlich kann das Verhalten des Anlagenbetreibers nach den Festlegungen der Umweltverwaltungsgesetze und ihren Ausführungsbestimmungen von vornherein zu keinen Gefahren führen.

Wollte man auch in diesem atypischen Einzelfall, bei dem der Tatbestand zwar formell erfüllt ist, der Verstoß aber zu keinen Gefahren führt, den Täter bestrafen, so könnte dies dem Grundsatz widersprechen, daß das Strafrecht allein dem Rechtsgüterschutz zu dienen hat[59] und nicht die Befolgung einer Norm um ihrer selbst willen verlangen darf. Denn hält sich der Täter trotz seines Verstoßes gegen die rechtswidrige Anordnung im Rahmen der gesetzlichen Ermächtigungsgrundlage, so liefe dies auf eine Bestrafung des bloßen Ungehorsams hinaus[60], wobei die Bedenken hier deshalb noch größer sein müssen, als — anders als bei den abstrakten Gefährdungsdelikten sonst — Gehorsam vor der unzutreffenden Anordnung der Verwaltung verlangt

---

[57] In diesem Sinne könnte man *Laufhütte/Möhrenschlager* (ZStW 92, 921) und *Rogall* (JZ-GD 1980, 105) verstehen, wenn sie eine Berücksichtigung der Rechtswidrigkeit des Verwaltungsaktes mit dem Charakter der Vorschriften als abstrakte Gefährdungsdelikte nicht vereinbaren können.
[58] *Horn*, Konkrete Gefährdungsdelikte, S. 21 ff.; vgl. auch *Arthur Kaufmann* JZ 1963, 433 und BGHSt 26, 123, BGH NStZ 1983, 421.
[59] *Baumann* AT S. 9, *Arthur Kaufmann*, Henkel-Festschrift S. 102, Schönke/Schröder/*Lenckner* 10 vor § 13, *Roxin* JA 1980, 222.
[60] *Cramer* S. 54, *Henkel* S. 64 f.

wird[61]. Dem läßt sich zwar entgegenhalten, daß die Umweltschutzdelikte auch in den genannten Fällen natürlich nicht die Gehorsamspflicht gegenüber der Norm oder gar dem Verwaltungsakt um deren selbst willen fordern, sondern daß dies eine Konsequenz aus der für einen wirksamen Schutz notwendig abstrakten Fassung der Vorschrift ist. Aber auch bei dieser Sicht der Dinge verstößt es gegen die materielle Gerechtigkeit und das Schuldprinzip, eine Handlungsweise zu bestrafen, die nachweislich für das zu schützende Rechtsgut völlig ungefährlich ist[62].

Es gibt deshalb schon seit langem Bestrebungen, bei den abstrakten Gefährdungsdelikten trotz formeller Tatbestandsverwirklichung bei einer im konkreten Einzelfall für das Rechtsgut ungefährlichen Handlungsweise den Täter nicht zu bestrafen[63]. Die dogmatische Lösung ist dabei im einzelnen freilich umstritten: Während die einen bereits kein Unrecht verwirklicht und deshalb den Tatbestand bzw. die Rechtswidrigkeit nicht erfüllt sehen[64], wenn ein Erfolg nach menschlichem Erfahrungswissen ausgeschlossen ist[65], der Täter objektiv[66] bzw. subjektiv[67] die zur Vermeidung einer Gefährdung erforderlichen Sorgfaltsvorkehrungen getroffen hat, wollen andere nur das materielle Strafbedürfnis entfallen lassen[68].

---

[61] *Arnhold* S. 84.

[62] So insbes. *Arthur Kaufmann* JZ 1963, 432.

[63] *Binding*, Normen I S. 379 ff., IV S. 387, *Baumann* AT S. 133, DAR 62, 99, *Brehm*, Gefährdungsdelikt, S. 89 ff., JuS 1976, 22 ff., *Cramer* S. 50 ff., in Schönke/Schröder 3 a vor § 306, *Horn*, Konkrete Gefährdungsdelikte, S. 21 ff., SK 16 vor § 306, *Rabl* S. 9 ff., *Schittenhelm* GA 1983, 319 f., *Schröder* ZStW 81, 16 f., *Schünemann* JA 1975, 797 f., *Volz* S. 143 ff., *Wolter* S. 279 ff.; dagegen aber neuestens *Bohnert* JuS 1984, 182.

[64] *Brehm*, Gefährdungsdelikt, S. 89 ff., JuS 1976, 23 ff., *Cramer* S. 50 ff., *Schünemann* JA 1975, 778, *Volz* S. 143 ff.; vgl. auch *Baumann* DAR 1962, 99.

[65] So insbes. *Cramer* S. 69 ff.

[66] *Brehm*, Gefährdungsdelikt, S. 126 ff., JuS 1976, 22 ff., *Horn*, Konkrete Gefährdungsdelikte, S. 28, S. 94 f.

[67] Daß allein die Einhaltung der subjektiven Sorgfalt nicht genügen kann, ergibt sich aus der Natur der Sache, denn der Gesetzgeber verbietet gefährliche Handlungen generell oft deshalb, weil er vom Bürger dabei eine objektiv ausreichende Sorgfalt nicht erwarten kann; dies wird besonders beim Umweltstrafrecht deutlich: Da er vom Bürger die erforderliche Sorgfalt bei umweltgefährdenden Verhaltensweisen in der Regel nicht erwarten kann, bindet er ihn an den Sorgfaltsmaßstab der Verwaltung. Die Einhaltung der subjektiven Sorgfalt bei *Schünemann* (JA 1975, 778) kann deshalb nur als zusätzliches Erfordernis neben der objektiven Sorgfalt verstanden werden.

[68] Schönke/Schröder/*Cramer* 3 a vor § 306, Maurach/Schroeder II/2, S. 12, *Schlüchter* JR 1979, 514, *Schröder* ZStW 81, 16 f. und de lege ferenda *Baumann* DAR 1962, 99, *Tiedemann*, Kartellrechtsverstöße, S. 150. Zur Frage, ob diese Ansicht eine Bestätigung in der Minimaklausel des § 326 Abs. 5 gefunden hat, vgl. Schönke/Schröder/*Cramer* 3 a vor § 306, Schönke/Schröder/*Lenckner* § 326 RN 17.

II. Fehlerhafte Verfügungen

Ohne hier im einzelnen abschließend auf die allgemeine Problematik der Korrektur der abstrakten Gefährdungsdelikte eingehen zu können, scheint vieles für die Annahme eines bloßen Strafausschließungsgrundes zu sprechen: Ein Unrechtsausschluß bei konkreter Ungefährlichkeit einer an sich gefährlichen Handlung würde dogmatisch das abstrakte Gefährdungsdelikt bereits wieder in die Nähe des konkreten bringen[69], was praktisch mit der Folge verbunden wäre, daß die Vorteile des abstrakten Gefährdungsdelikts — hohes Maß an Eindeutigkeit und Beweissicherheit — verloren gingen. Ohnehin wird das Unrecht des abstrakten Gefährdungsdelikts durch die Ungefährlichkeit der konkreten Handlung jedenfalls nicht völlig beseitigt[70], da sich dieses gerade nicht im Erfolg verkörpert. Dagegen bleibt das Handlungsunrecht erhalten, wenn der Täter bei den Umwelttatbeständen sein Urteil über die Gefährlichkeit einer Handlung — mag es im Einzelfall auch zutreffen — an die Stelle der dafür berufenen und fachkundigen Behörde setzt[71]. Bei einem solchen Verhalten ergibt sich als Erfolgsmoment — also als Erfolgsunwert oder, (bei Tätigkeitsdelikten) besser, als Sachverhaltsunwert[72] —, daß das geschützte Rechtsgut in seinem Geltungsanspruch gefährdet wird. Denn angesichts der großen Bedeutung und Anfälligkeit der durch die abstrakten Gefährdungsdelikte geschützten Rechtsgüter und der oft bestehenden Unmöglichkeit, einen einmal eingetretenen Schaden wiedergutzumachen einerseits und den nur schwer festzustellenden Gefährdungsgrenzen andererseits, müssen bereits im Vorfeld einer Verletzung verbindliche Handlungsverbote für typischerweise gefährliche Handlungen normiert werden, deren Verletzung auch dann strafbares Unrecht darstellt, wenn sie im Einzelfall einmal nicht zutreffen sollten. In diesem atypischen Einzelfall ist es dann aber nicht die unzutreffende Norm oder Anordnung, die Gehorsam verlangt[73], sondern das Strafrecht muß um eines höheren Zweckes, nämlich eines wirksamen Rechtsgüterschutzes willen, im Einzelfall auch ungefährliche Verhaltensweisen verbieten und dafür Gehorsam verlangen können.

Andererseits darf diesem Prinzip nicht die Einzelfallgerechtigkeit und der materielle Schuldgrundsatz[74] geopfert werden. Vielmehr müssen diese Grundsätze gewahrt werden, indem dem Täter unter gewissen Voraussetzungen ein Strafausschließungsgrund gewährt wird.

---

[69] *Schlüchter* JR 1979, 514.
[70] Schönke/Schröder/*Cramer* 3 a vor § 306 ff.
[71] *Möhrenschlager* Wirtschaft und Verwaltung 1984, 66.
[72] Schönke/Schröder/*Lenckner* 57 vor § 13, *Lüderssen*, Bockelmann-Festschrift S. 188, F. C. *Schroeder*, Gefährdungsdelikte, S. 3.
[73] *Amelung* S. 281.
[74] Vgl. dazu näher *Brehm*, Gefährdungsdelikt, S. 47 ff., F. C. *Schroeder*, Gefährdungsdelikte, S. 14 (Verschulden als wertwidriges Verhalten).

Diese Konzeption — eine Korrektur außerhalb von Unrecht und Schuld — hat bei zahlreichen abstrakten Gefährdungsdelikten auch der Gesetzgeber verwandt, wenn er Strafausschließungsgründe bei konkreter Ungefährlichkeit der Tat (§§ 186, 326 Abs. 5) anerkennt bzw. als deren Umkehrung — was aber in der Sache auf dasselbe hinausläuft[75] — als objektive Strafbarkeitsbedingung eine Gefahrverwirklichung verlangt (z. B. §§ 227, 283 Abs. 6, 323 a).

Unrechts- und schuldunabhängige Strafausschließungsgründe als solche sind weitgehend anerkannt[76] und liegen dann vor, wenn ein an sich strafwürdiges Verhalten um eines anderen Prinzips willen keiner Strafe bedarf[77]. Neben rechts- und kriminalpolitischen Gründen (hierher gehören etwa die Straflosigkeit parlamentarischer Äußerungen [§ 36] oder Berichte [§ 37] sowie die Exterritorialität) sowie solchen, die auf einer (allerdings nicht die Grenze eines Entschuldigungsgrundes erreichenden) Schuldminderung beruhen (z. B. §§ 173 Abs. 3, 258 Abs. 6)[78], kann den Strafausschließungsgründen eben auch das Prinzip der Berücksichtigung der Einzelfallgerechtigkeit und fehlender materieller Schuld zugrunde liegen.

Die Einzelfallgerechtigkeit verlangt einen Strafausschluß — so naheliegend dies zunächst scheinen mag — nicht allein aus Gründen verminderten Unrechts[79], da ansonsten die positivrechtlichen Regelungen dieses Strafausschließungsgrundes, also insbesondere § 186 (Wahrheitsbeweis) und § 326 Abs. 5 (offensichtliche Ungefährlichkeit bei geringer Menge), nicht allein auf sein objektives Vorliegen abstellen könnten[80]. Denn allein der Umstand, daß objektiv ein Erfolgsunrecht nicht eintreten kann, vermag bei einem Tätigkeitsdelikt das Unrecht der Tat

---

[75] Schönke/Schröder/*Lenckner* 130 a vor § 32, *Olshausen* § 186 Anm. 6 a; demgemäß ist es bei § 186 auch umstritten, ob die Erweislichkeit der Tatsache Strafausschließungsgrund ist (so z. B. Schönke/Schröder/*Lenckner* § 186 RN 13) oder die Nichterweislichkeit Strafbarkeitsbedingung (so z. B. RGSt 69, 81, *Lackner* § 186 Anm. 6); vgl. dazu auch *Rudolphi* SK § 186 RN 14.

[76] Vgl. dazu z. B. *Bloy* S. 16 ff., *Hirsch* LK[9] 193 vor § 51, *Schmidhäuser* ZStW 71, 545 ff., *Stratenwerth* ZStW 71, 567 ff. jeweils m. w. Nachw.

[77] *Rudolphi* SK 12 vor § 19, *Stratenwerth* ZStW 71, 567 ff.; and. aber *Otto*, Schröder-GS S. 65, wonach damit schon die Strafwürdigkeit begrenzt werden soll. Im wesentlichen gilt dies sinngemäß auch für die objektiven Strafbarkeitsbedingungen (die lediglich die Umkehrung der Strafausschließungsgrundes darstellen) und für die Strafaufhebungsgründe (die sich von den Strafausschließungsgründen nur dadurch unterscheiden, daß dort ein von Anfang an vorhandener Umstand gegen die Bestrafung spricht, während er beim Strafaufhebungsgrund nachträglich eintritt).

[78] Schönke/Schröder/*Lenckner* 128 ff. vor § 32.

[79] So aber wohl Schönke/Schröder/*Cramer* 3 a vor § 306, Schönke/Schröder/*Lenckner* 130 a vor § 32.

[80] Vgl. zu § 186: Schönke/Schröder/*Lenckner* § 186 RN 10; zu § 326 Abs. 5: *Horn* SK § 326 RN 30, BT-Drs. 8/3633 S. 29.

II. Fehlerhafte Verfügungen

nicht soweit zu mindern, daß Strafe ganz ausgeschlossen sein müßte. Vielmehr müssen für den Strafausschluß noch weitere Gründe herangezogen werden. Das ist einmal der Gedanke des minima non curat praetor, der insbesondere bei § 326 Abs. 5 zum Tragen kommt und der beim zwar den Gesetzeswortlaut verwirklichenden, aber im konkreten Einzelfall außerordentlich leichten (Bagatell-)Fall die als Härte erscheinende gesetzliche Mindeststrafe ausschließen soll[81]. Auch vermag ein Verhalten, das die geschützten Rechtsgüter in keinster Weise zu schädigen geeignet ist, den Rechtsfrieden nicht zu stören, so daß auch unter diesem Gesichtspunkt (vgl. auch § 23 Abs. 3) eine Bestrafung entfallen kann[82]. Und schließlich ist es der Gnadengedanke, der dem Täter zugute kommt[83]. Dieser hat heute — losgelöst vom charismatischen Geist des Monarchen als Gnadenspender[84] — gerade seine Funktion darin, „Härten des Strafgesetzes auszugleichen"[85], „eine Korrektur des als unvollkommen erkannten Gesetzes im einzelnen Falle" zu sein[86] und ist damit geradezu prädestiniert, dem Täter Straffreiheit zu gewähren, der um eines höheren Zweckes willen einer nach dem Willen des Gesetzgebers nicht auf ihn zugeschnittenen Strafrechtsnorm unterfällt[87].

Eine so vorgenommene Korrektur darf allerdings nicht dem Sinn und Zweck der abstrakten Gefährdungsdelikte — Eindeutigkeit und Beweisbarkeit strafbaren Handelns — zuwider laufen. So würde etwa das Anliegen des Gesetzgebers, durch die abstrakten Gefährdungsdelikte die bei Umweltverletzungen in der Regel schwer führbaren Kausalitätsnachweise bei Erfolgsdelikten (konkrete Gefährdungs- und Verletzungsdelikte) überflüssig zu machen[88], vereitelt, wenn der Strafausschließungsgrund der Ungefährlichkeit bereits dann zur Anwendung kommen müßte, wenn für die Handlung des Täters ein konkreter Erfolg nicht nachgewiesen werden könnte. Das ist indessen nicht der Fall: Zwar liegt dies nicht in dem Umstand begründet, daß für Strafausschließungsgründe der Grundsatz des in dubio pro reo keine Anwendung findet; er soll nämlich grundsätzlich auch dort gelten[89]. Man

---

[81] BGH NJW 1962, 646, OLG *Hamm* NJW 1980, 2537, *Krümpelmann* S. 200 f., *Ostendorf* GA 1982, 333 ff. m. w. Nachw.
[82] *Arnhold* S. 95 f.
[83] So sprechen die Materialien zu § 326 Abs. 5 davon, daß der Täter von der Kriminalstrafe *verschont* bleiben soll (BT-Drs. 8/2382 S. 19).
[84] *Geerds* S. 24.
[85] BVerfGE 25, 359 und S. 360.
[86] *Ihering* S. 428, vgl. auch *Bloy* S. 206 ff., *Geerds* S. 20, *Rüping*, Schaffstein-Festschrift S. 31 f. jeweils m. w. Nachw.
[87] Vgl. dazu auch — allerdings kritisch — *Beling*, Üble Nachrede, S. 11.
[88] BT-Drs. 8/3633 S. 21; vgl. auch *Möhrenschlager* Wirtschaft und Verwaltung 1984, 47 ff.
[89] *Hirsch* LK⁹ 193 vor § 51, Schönke/Schröder/*Lenckner* 134 vor § 32, *Stree* S. 29 ff.

könnte allenfalls daran denken, daß, ähnlich wie bei § 186, Sinn und Zweck des Strafausschließungsgrundes hier gerade die positive Feststellung der Ungefährlichkeit verlangt[90], wobei man dann die Umkehrung dieses Grundsatzes in den des „in dubio contra reum" mit der Risikoeingehung des Täters rechtfertigen könnte[91]. Jedoch bedarf es einer Auseinandersetzung mit dieser Frage nicht. Vielmehr sind es die Anforderungen, die an die Ungefährlichkeit gestellt werden, die hier ohnehin keine Zweifelsfälle aufkommen lassen. Soweit nämlich eine Korrektur der abstrakten Gefährdungsdelikte anerkannt wird, ist es einhellige Meinung, daß dafür nicht die bloße — zumindest nicht auszuschließende — (konkrete) Ungefährlichkeit der Handlung genügt, sondern es wird eine Art „gesteigerte Ungefährlichkeit" gefordert, wenn z. B. verlangt wird, daß die Gefahr unter „keinen Umständen"[92] soll eintreten können, „offensichtlich"[93] oder unter „jeglichen Umständen"[94] ausgeschlossen oder sie „nicht denkbar"[95] sein soll. Dieses gesteigerte Maß an Ungefährlichkeit einer gegen einen Verwaltungsakt verstoßenden Handlung ist freilich nicht erst dann gegeben, wenn dieser offensichtlich unzutreffend und damit nichtig ist[96], weil ein Zustand oder Handeln, das eine Fachbehörde zum Anlaß für ihr Einschreiten nimmt, nicht offensichtlich ungefährlich sein könnte, sondern bei *jedem* unzutreffenden Verwaltungsakt. Die oben genannten Umschreibungen der Ungefährlichkeit wollen nämlich lediglich verhindern, daß bereits jeder Nichteintritt eines konkreten Gefahrerfolges zum Strafausschluß führt. Ist aber der Verwaltungsakt, gegen den verstoßen wird, unzutreffend, so kommt es nicht nur zu keinem Gefährdungserfolg, sondern *dieser* konkrete Verstoß ist für die geschützten Rechtsgüter unter keinem Gesichtspunkt gefährlich. Beschränkt man den Strafausschluß deshalb auf diese Fälle der Ungefährlichkeit, so lassen sich seine Voraussetzungen zweifelsfrei feststellen, da sie keine tatsächlichen, sondern nur rechtliche Feststellungen dahingehend verlangen, daß der mißachtete Verwaltungsakt unzutreffend war.

Die gesetzgeberische Zielsetzung könnte nun allerdings durch das Erfordernis subjektiver Komponenten, also die irrtümliche Annahme der Ungefährlichkeit der Handlung durch den Täter, unterlaufen wer-

---

[90] Schönke/Schröder/*Lenckner* 134 vor § 32; vgl. auch *Triffterer*, Umweltstrafrecht, S. 215 FN 487, der einen zweifelsfreien Nachweis absoluter Unmöglichkeit fordert.
[91] Vgl. dazu aber kritisch *Stree* S. 50 f.
[92] *Cramer* S. 65 f.
[93] Schönke/Schröder/*Cramer* 3 a vor § 306, vgl. auch § 326 Abs. 5.
[94] *Schünemann* JA 1975, 798.
[95] *Schröder* ZStW 81, 16.
[96] Sogenannte Evidenztheorie, vgl. § 44 Abs. 1 VwVfG.

II. Fehlerhafte Verfügungen

den. Dieser Irrtum läge nämlich bereits schon dann vor, wenn der Täter (aufgrund eines Rechtsirrtums) die behördliche Anordnung durch die materielle Rechtslage nicht für gedeckt hielte. Nun könnte man diesen Irrtum als unerheblich abtun, da Strafausschließungsgründe grundsätzlich von den Vorstellungen des Täters nicht umfaßt zu sein brauchen[97]. Indes soll von diesem Grundsatz dann abgewichen werden, soweit die Strafausschließung auf Erwägungen verminderten Unrechts oder verminderter Schuld beruht[98]. Unterstellt man die Richtigkeit dieser Auffassung, so ist es aber bereits zweifelhaft, ob der hier in Frage stehende Strafausschließungsgrund in diese Fallgruppe eingeordnet werden kann[99]. Zwar liegt ihm nach der oben vertretenen Ansicht auch der Gedanke verminderten Unrechts zugrunde, jedoch beruht darauf nicht — was man wohl aber für die Berücksichtigung subjektiver Komponenten verlangen müßte — das Schwergewicht des Grundes. Aber selbst wenn man hier von einem unrechtsbezogenen Strafausschließungsgrund sprechen wollte, kann ein Irrtum über die Gefährlichkeit eines Verstoßes keine Berücksichtigung finden. Denn bei der Vornahme typischerweise gefährlichen Verhaltens ist die Kenntnis des Täters von der Gefährlichkeit des riskanten Verhaltens ausreichend, so daß der Erfolgseintritt nicht vom Vorsatz umfaßt zu sein braucht[100]. Der Täter hat deshalb das Risiko seiner Bestrafung zu tragen, wenn er sich bewußt über die Gefahreinschätzung einer fachkundigen Behörde hinwegsetzt und sich entgegen *seiner* Einschätzung ein Erfolg verwirklicht[101].

Ist die irrtümliche Annahme der Ungefährlichkeit der Handlung unbeachtlich, so ist es naheliegend, daß umgekehrt der Täter keine Kenntnis von der Ungefährlichkeit seiner Handlung zu haben braucht. Zwar ist dieses Ergebnis nicht zwingend, denn weder die materielle Gerechtigkeit noch der Gnadengedanke erfordern es, daß „der nicht minder gefährliche Täter, der bei vorsätzlicher Erfüllung des abstrakten Gefährdungstatbestandes unwissend objektiv sorgfältig (ungefährlich) handelt"[102], durch den Strafausschließungsgrund privilegiert wird. Dem scheint auch zu widersprechen, daß bei der Korrektur des abstrakten Gefährdungsdelikts des § 306 vom Täter verlangt wird, sich

---

[97] BGHSt 23, 381, *Baumann* AT S. 487, *Hirsch* LK⁹ 193 vor § 51, *Otto*, Schröder-GS S. 65, *Rudolphi* SK § 16 RN 14, *Dreher/Tröndle* § 16 RN 31.

[98] Schönke/Schröder/*Cramer* § 16 RN 33, Schönke/Schröder/*Lenckner* 132 vor § 32, *Kohlhaas* ZStW 70, 217 ff.

[99] Ablehnend Schönke/Schröder/*Lenckner* 132 vor § 32.

[100] *Baumann* AT S. 491, *Jescheck*, Strafrecht, S. 451, *Otto*, Schröder-GS S. 65 FN 45; vgl. aber auch *Rudolphi* SK § 15 RN 3.

[101] Schönke/Schröder/*Cramer* 21 vor § 324; vgl. auch *Tiedemann*, Kartellrechtsverstöße, S. 150.

[102] *Schünemann* JA 1975, 798.

„durch absolut zuverlässige lückenlose Maßnahmen vergewissert zu haben", daß eine Gefährdung nicht eintreten kann[103]. Indessen wird damit keine subjektive Komponente neben der objektiven Ungefährlichkeit verlangt, vielmehr ist diese Vergewisserung bereits für die objektive Ungefährlichkeit der Handlung erforderlich[104]. Ungefährlich ist eine Brandstiftung nach § 306 nämlich nicht schon dann, wenn sich in einem Wohnhaus zufällig keine Menschen aufhalten, sondern nur dann, wenn der Täter dies ex ante sichergestellt hat und sein Verhalten danach kontrolliert ausrichten kann[105]. Nur dann hat der Gefahrausschluß die Qualität, die ihn vom bloßen zufälligen Nichteintritt eines Gefährdungs- oder Verletzungserfolges unterscheidet, der die Gefährlichkeit der Handlung nicht beseitigt[106]. Dagegen ist der Verstoß gegen einen unzutreffenden Verwaltungsakt immer in diesem erforderlichen Sinne ungefährlich, auch wenn sich der Täter nur rein zufällig mit der materiellen Rechtslage in Einklang befindet, denn dies führt nicht nur zu einem zufälligen Ausschluß eines Erfolges, vielmehr wird bereits dadurch die Handlung als solche ungefährlich. Darüber hinaus ist es nicht erforderlich, daß der Täter in Kenntnis der Rechtslage gegen eine Verfügung verstößt. Ähnlich liegt es bei den gesetzlichen Vorbildern dieses Strafausschließungsgrundes (§§ 186, 326 Abs. 5), bei denen es ebenfalls nicht auf die Kenntnis des Täters ankommt[107]. Ist dort eine behauptete Tatsache erweislich wahr (§ 186) oder unterfällt eine Abfallmenge dem § 326 Abs. 5, so nimmt dies der Handlung ihre Gefährlichkeit, und es bedarf nicht eines kontrollierenden und gesteuerten Verhaltens des Täters, um die Ungefährlichkeit der Handlung vom bloßen zufälligen Nichteintritt einer konkreten Gefahr zu scheiden. Ohnehin wäre das Erfordernis der Kenntnis von der Ungefährlichkeit des verwaltungswidrigen Handelns mit besonderen Beweisschwierigkeiten belastet, da sie i. d. R. in einer bloßen Rechtskenntnis besteht und nicht — wie etwa bei § 306 — durch irgendwelche zutage tretenden Handlungen erworben werden müßte, so daß eine dahingehende Behauptung in einem Strafverfahren nur schwer widerlegt werden könnte[108]. Da es deshalb unter kriminalpolitischen Gesichtspunkten ineffektiv wäre, die Kenntnis des Täters von der Ungefährlichkeit der Handlung zu verlangen und andererseits der Verzicht darauf nicht systemwidrig ist, sollte die objektive Ungefährlichkeit

---

[103] BGHSt 26, 125, BGH NStZ 1982, 421, *Brehm* JuS 1976, 24, *Schünemann* JA 1975, 798.
[104] *Brehm* JuS 1976, 25; and. aber *Wolter* S. 281.
[105] Zum vergleichbaren Fall, daß die objektive Sorgfalt die Kenntnis ihrer Einhaltung erfordert, vgl. *Horn*, Konkrete Gefährdungsdelikte, S. 218 f.
[106] Vgl. *F. C. Schroeder*, Gefährdungsdelikte, S. 7.
[107] *Ohlshausen* § 186 Anm. 8 b.
[108] Vgl. dazu bereits *Baumann* DAR 1962, 99.

der Handlung für eine Annahme des Strafausschließungsgrundes ausreichen[109].

Die Frage ist nun, ob der Strafausschluß auch dem Täter zugute kommen soll, der zwar gegen einen unzutreffenden Verwaltungsakt verstoßen hat, dessen Verhalten aber unter einem anderen Gesichtspunkt, was allerdings nicht geschehen ist, hätte untersagt werden müssen und sich deshalb eine Gefahr oder ein Erfolg verwirklicht hat. Es erscheint zunächst widersinnig, einen Strafausschluß wegen Ungefährlichkeit für eine Handlung anzunehmen, aufgrund derer sich ein Gefährdungs- oder Verletzungserfolg realisiert hat[110], und in der Tat soll nach weit verbreiteter Ansicht bei abstrakten Gefährdungsdelikten, die als objektive Strafbarkeitsbedingungen einen Erfolgseintritt verlangen (vgl. etwa § 227, § 283) jeder Erfolg als Bedingung genügen[111]. Damit wird allerdings verkannt, daß der bloße Erfolg als solcher — ebenso wenig wie sein (zufälliges) Ausbleiben — für die abstrakten Gefährdungsdelikte keine Bedeutung hat; Bedeutung hat er nur insoweit, als sich in ihm die typische Gefahr der Gefährdungshandlung realisiert[112]. Dies mag folgendes Beispiel verdeutlichen: Hat etwa die Behörde den Betrieb einer Anlage wegen der angeblichen Gefährlichkeit einer in Wahrheit völlig harmlosen Emission untersagt, führt aber die Zuwiderhandlung gegen dieses Verbot dennoch zu einem Erfolg, weil sich eine ganz andere Emission, objektiv nicht vorhersehbar, als gefährlich erweist, so kann deshalb der Strafausschluß nicht entfallen. Es hat sich hier nicht die typische Gefahr realisiert, die das Gesetz im Auge hatte, als es von der Gefährlichkeit einer verwaltungsaktswidrigen Handlung ausging[113]. Dabei kann es auch keinen Unterschied machen, ob die Zuwiderhandlung nur in der Mißachtung der Auflage bestand, die angeblich gefährliche Emission abzustellen und der Erfolg deshalb auch bei verwaltungsaktskonformem Verhalten eingetreten wäre oder ob gegen ein deshalb erlassenes Betriebsverbot verstoßen wurde, so daß bei dessen Einhaltung auch die nicht vorhersehbare gefährliche

---

[109] Dies führt dazu, daß auch dem Täter, der das Vorliegen einer Genehmigung nicht kennt und deshalb einen (untauglichen) Versuch verwirklicht, der Strafausschließungsgrund zugute kommt.

[110] Vgl. deshalb auch *Schröder* ZStW 81, 12 f., *F. C. Schroeder*, Gefährdungsdelikte, S. 7.

[111] Vgl. zum Meinungsstand bei § 227 etwa Schönke/Schröder/*Stree* § 227 RN 15, *Krause* Jura 1980, 454 f.; bei § 283 *Schlüchter* JR 1979, 513 ff., Schönke/Schröder/*Stree* § 283 RN 59, *Tiedemann* NJW 1977, 782 f.

[112] Vgl. *Lenckner/Schumann/Winkelbauer* wistra 1983, 174.

[113] Dies ergibt sich auch daraus, daß es sich bei dem Gefährlichkeitsurteil um eine Prognoseentscheidung handelt und die Gefahr deshalb voraussehbar sein muß, so daß nicht (ex post) vom Eintritt des Erfolgs auf die Gefährlichkeit der Handlung geschlossen werden kann (*Burgstaller* S. 38, 141, *Münzberg* S. 181 ff.; and. aber *Schröder* ZStW 81, 12 f.; vgl. dazu auch *Gallas*, Heinitz-Festschrift S. 181).

Emission unterblieben wäre. Die typische Gefahr, die das Gesetz im Auge hat, verwirklicht sich selbst dann nicht, wenn die andere, sich realisierbare Gefahr erkennbar oder dem Täter gar bekannt war. Erlaubt also eine behördliche Verfügung Emissionen unter der Bedingung, daß ihnen der — in Wahrheit ungefährliche — Bestandteil X entzogen wird und setzt sich der Anlagenbetreiber über diese Anordnung hinweg, verwirklicht sich aber die Gefahr wegen des der Emission ebenfalls enthaltenen Stoffes Y, so muß dem Anlagenbetreiber auch dann ein Strafausschluß für § 325 zugute kommen und er darf auch nicht etwa nach § 330 Abs. 1 Nr. 2 bestraft werden, selbst wenn er die Gefährlichkeit des Stoffes Y kannte[114]. Letzteres ergibt sich schon aus dem allgemeinen Grundsatz bei Erfolgsqualifizierungen, wonach der Erfolg durch die Gefahr eintreten muß, die das Grunddelikt — hier also (mittelbar) die jeweilige behördliche Anordnung — verhindern will[115]. Dagegen verwirklicht sich die typische Gefahr in den Fällen, in denen die behördliche Verfügung nur deshalb unzutreffend ist, weil sie gegen das Übermaßverbot verstößt und die Rechtsgüter dadurch in einem größeren Umfang schützt, als es gesetzlich vorgesehen ist, der Täter aber in einer Weise der Verfügung zuwider handelt, die auch gegen einen maßvollen Verwaltungsakt verstoßen hätte. Hier tritt nämlich gerade die Gefahr ein, die der Verwaltungsakt — wenn auch im Übermaß — verhindern wollte, so daß für eine solche Handlung die Vermutung des Gesetzes über die Gefährlichkeit verwaltungswidrigen Handelns zutrifft.

Wollte man das nunmehr gewonnene Ergebnis, trotz rechtswidrigen und schuldhaften Verhaltens den nicht zu bestrafen, der gegen einen unzutreffenden Verwaltungsakt verstößt bzw. ohne Genehmigung tätig wird, sich aber im Rahmen der materiellen Genehmigungsvoraussetzungen hält, undifferenziert auf alle Umweltschutztatbestände anwenden, wäre dies nicht sachgerecht. Dann könnte nämlich z. B. jeder Kernkraftwerksbetreiber (strafrechtlich) unbehelligt die Genehmigungsprüfung für sein Kraftwerk selbst durchführen. Daß dies nicht richtig sein kann, liegt auf der Hand[116]. Zwar nicht deshalb,

---

[114] Es stellt sich allerdings die noch unten zu klärende Frage, ob ein Anlagenbetreiber sich auf eine Erlaubnis berufen kann, obwohl er hätte wissen können bzw. weiß, daß die Genehmigungsbehörde bei Kenntnis der Umstände (also der Gefährlichkeit des Stoffes Y) sie hätte nicht erteilt oder nicht erteilen dürfen.

[115] H. M., vgl. z. B. Schönke/Schröder/*Cramer* § 330 RN 17, *F. C. Schroeder*, Gefährdungsdelikte, S. 10; unklar aber *Sack* § 330 StGB RN 92, der lediglich Kausalität verlangt.

[116] So aber Schönke/Schröder/*Cramer* 19 vor § 324, § 327 RN 11. Zutreffend ist deshalb im Ergebnis die h. M., vgl. z. B. LG Bremen NStZ 1982, 163, *Maurach/Schroeder* II/2 S. 45, *Tiedemann*, Neuordnung, S. 39, *Dreher/Tröndle* § 327 RN 3.

weil sonst die Genehmigungsprüfung der Behörden umgangen würde — deren Einhaltung könnte immerhin noch mit den Mitteln des Verwaltungszwangs erreicht werden und ohnehin darf das Kriminalstrafrecht nicht zur Erzwingung verwaltungsrechtlicher Pflichten eingesetzt werden —, vielmehr hat nach der gesetzlichen Wertung eine Atomanlage auch bei Einhaltung der materiellen Genehmigungsvoraussetzung ihre abstrakte Gefährlichkeit nicht verloren[117], so daß ihre ständige Kontrolle notwendig ist[118]. Dies ist aber dann nicht möglich, wenn die zuständigen Behörden über den Betrieb solcher Anlagen überhaupt nicht informiert werden. Unter diesem Gesichtspunkt könnte man aber daran denken, weingstens dem Anlagenbetreiber Straffreiheit zu gewähren, der lediglich vor Erteilung der ersuchten Genehmigung seine Anlage in Betrieb setzt, da hier spätere Kontrollinteressen nicht verletzt werden[119]. Diese Überlegung dürfte jedoch aus folgenden Gesichtspunkten nicht zutreffen: Bei § 327 wie auch bei § 328 kann eine Korrektur wegen der Ungefährlichkeit der konkreten Handlung aus einem Grund nicht zugelassen werden, der vielfach als eine lerntheoretische Notwendigkeit bei Massenhandlungen bezeichnet wird[120]. Der entscheidende Gesichtspunkt dürfte indes jedoch weniger im Automatisierungseffekt bei Massenhandlungen begründet liegen; damit läßt sich etwa bei den abstrakten Gefährdungsdelikten im Straßenverkehrsrecht allenfalls die Notwendigkeit der Ahndung eines Verstoßes gegen das Rechtsfahrgebot oder bestimmte Geschwindigkeitsgrenzen begründen, schon nicht mehr aber die Strafbarkeit des Fahrens ohne Fahrerlaubnis bei einem im Einzelfall dennoch geübten Fahrer. Daß hier die materielle Gerechtigkeit einen Strafausschluß nicht erfordert, liegt vielmehr darin begründet, daß diese Normen, anders als etwa § 306 oder auch §§ 311 d, 325, nicht den unmittelbaren Schutz bestimmter Rechtsgüter bezwecken und deshalb eine Gefährdung individualisierbarer Rechtsgüter nicht voraussetzen. Sie bestrafen bereits die Verletzung bestimmter Ordnungswerte, die zwar nicht um ihrer selbst willen, sondern um eines weit im Vorfeld einer Verletzung oder Gefährdung angesiedelten *mittelbaren* Rechtsgüterschutzes willen geschützt werden[121], so daß die Strafe wegen Verstoßes gegen diese Ordnungs-

---

[117] Dies ist zwar bei Atomanlagen einsichtig (§ 327 Abs. 1), ob dies aber auch für die übrigen Anlagen zutrifft (§ 327 Abs. 2) scheint fraglich; vgl. deshalb auch die Kritik von *Maurach/Schroeder* II/2 S. 51, *Triffterer*, Umweltstrafrecht, S. 218 f. und in BT-Drucks. 8/3633 S. 30.
[118] BT-Drucks. 8/2382 S. 20, *Tiedemann*, Neuordnung, S. 38.
[119] So lag auch der Fall von LG Bremen NStZ 1982, 163 f., das anscheinend in dem Verhalten des Angeklagten kein *materielles* Unrecht sah und eine Strafe nur aufgrund des „*formellen* Gesetzesverstoßes" aussprach (aaO S. 164).
[120] Schönke/Schröder/*Cramer* 3 a vor § 306, *Schünemann* JA 1975, 798; vgl. auch BT-Drucks. 8/2382 S. 20.
[121] So wohl auch *Brehm*, Gefährdungsdelikt, S. 138 ff.

werte auch nicht unter dem Gesichtspunkt der Unmöglichkeit der Gefährdung eines bestimmten individualisierbaren Rechtsgutes ausgeschlossen sein kann, da das Gesetz den Schutz eines solchen Gutes unmittelbar nicht im Auge hat. Daß der Täter die materiellen Genehmigungsvoraussetzungen eingehalten hat, kann daran nichts ändern, da es der Gesetzgeber aus wohl erwogenen Gründen nicht dem Einzelnen überlassen hat, selbst die Gefährlichkeit seiner Anlage zu beurteilen, sondern dieses Urteil allein der sachkundigen Behörde übertragen hat. In dieses Entscheidungsmonopol greift auch der ein, der sich im Ergebnis sachgerecht verhält. Ohnehin dürfte die Strafbarkeit nach § 327 Abs. 2 in vielen Fällen gerade genehmigungsfähige Anlagen betreffen, da ein Anlagenbetrieb unter Nichteinhaltung der in den einschlägigen Verordnungen genannten Grenzwerte und Verfahrensweisen bereits den §§ 325, 326 unterfallen würde. Betreibt also ein Unternehmer bereits vor Genehmigungserteilung eine nach § 4 BImSchG genehmigungspflichtige Anlage, die auch grundsätzlich geeignet ist, Sachen von bedeutendem Wert zu schädigen (man denke nur an ein Kohlekraftwerk), hält er sich aber mit seinen Emissionen im Rahmen der genehmigungsfähigen Richtwerte, so steht ihm bezüglich § 325 ein Strafaufhebungsgrund zu, da die gefährliche Handlung sich noch im Rahmen des gesetzlich erlaubten Risikos hält. Bestraft wird er allerdings nach § 327 Abs. 2 Nr. 1 wegen unerlaubten Betreibens einer Anlage.

Das Zwischenergebnis von oben läßt sich damit dahingehend korrigieren, daß ein verwaltungsaktswidriges und damit strafwürdiges Verhalten, das sich aber im Rahmen materiellen Verwaltungsrechts hält, nur dann in einem Strafaufhebungsgrund Berücksichtigung findet, falls die jeweilige Strafrechtsnorm *unmittelbar* Rechtsgüter schützt, nicht dagegen, wenn sie Ordnungswerte mit lediglich *mittelbarem* Rechtsgutbezug im Auge hat. In die erste Kategorie gehören nicht nur die unzweifelhaften Fälle der §§ 311 d, 325, sondern auch § 326 — die Abfallbeseitigungsanlage ist genehmigungs- bzw. planfeststellungsfähig — und § 329. Im Gegensatz zu § 327 Abs. 2 Nr. 2 — dem unerlaubten Betreiben von Abfallbeseitigungsanlagen — stellt § 326 nicht nur die mittelbar Rechtsgüter schützenden Kontroll- und Ordnungsinteressen sicher, sondern schützt konkrete oder jedenfalls konkretisierbare Rechtsgüter[122] unmittelbar vor gefährlicher Abfallbeseitigung. Auch in § 329 geht es um einen „durch verselbständigte ökologische Rechtsgüter vermittelten Individualschutz" und nicht um den Schutz von Verwaltungsinteressen[123].

Im Gegensatz zu den oben behandelten Tatbeständen sind die §§ 324, 326 bezüglich ihrer Verwaltungsaktsakzessorietät anders strukturiert:

---

[122] Zu den geschützten Rechtsgütern *Schittenhelm* GA 1983, 310 ff.
[123] Schönke/Schröder/*Eser* § 329 RN 1.

Während dort typischerweise strafrechtliches Unrecht erst im Zusammenhang mit einem verwaltungswidrigen Handeln verwirklicht wird, genügt bei § 324 bereits die Wasserverschmutzung[124]. Allerdings wird auch hier — anders als etwa bei § 330 a — die endgültige Verwirklichung von Unrecht an verwaltungsrechtliche Kategorien geknüpft, indem eine öffentlich-rechtliche Genehmigung (Befugnis[125]) das Verhalten rechtfertigt. Bei § 326 wiederum verlangt zwar die Tatbestandsverwirklichung ein verwaltungswidriges Verhalten (Abfallbeseitigung in einer nicht zugelassenen Anlage), doch kann dieses regelmäßige Unrecht in Fällen der behördlichen Erlaubnis ausnahmsweise gerechtfertigt sein.

Da also auch in diesen beiden Tatbeständen das Unrecht der Tat von einer verwaltungsrechtlichen Verfügung abhängt, stellt sich ebenfalls die Frage nach den Auswirkungen eines zwar unbefugten, weil ohne Genehmigungsakt erfolgenden, sich aber im Rahmen materiellen Verwaltungsrechts bewegenden und damit genehmigungsfähigen Verhaltens auf die Rechtswidrigkeit und Strafbarkeit der Handlung. Die Antwort dafür kann allein von der Qualifikation der behördlichen Genehmigung abhängen. Die h. M. ordnet die behördliche Genehmigung einem der beiden Grundtypen der Rechtfertigungsgründe zu, nämlich entweder dem des mangelnden oder dem des überwiegenden Interesses[126] und sieht sie dementsprechend als Rechtsgutsverzicht aufgrund einer Einwilligung bzw. einer Güterabwägung an[127]. Nach beiden Ansichten gibt die Behörde mit ihrer Einwilligung das durch die fragliche Norm geschützte Rechtsgut im Einzelfall preis, wobei die Entscheidung über die Preisgabe „anhand der in den (z. B. Wasser-)Gesetzen festgesetzten Maßstäbe" erfolgt[128]. Allerdings zieht der überwiegende Teil der h. M. aus dieser Gesetzesgebundenheit nicht die — jedenfalls auf den ersten Blick — naheliegende Konsequenz, daß es für die Rechtfertigung nicht auf die Wirksamkeit der Entscheidung, sondern auf die materielle Rechtslage ankommen müßte. Indessen braucht hierzu nicht Stellung genommen zu werden, da bei den hier in Frage stehenden Tatbeständen bereits der Ansatzpunkt der h. M. mit der Einordnung der behördlichen Genehmigung verfehlt zu sein scheint. Zwar mag bei manchen Straftatbeständen die behördliche Genehmigung die von der h. M. angenommene Wirkung haben, doch setzt

---

[124] Daß es sich auch hier um ein abstraktes Gefährdungsdelikt handelt, vgl. oben II. 1. b) cc).
[125] Daß eine normierte Befugnis bereits den Tatbestand ausschließt, vgl. oben 1. Abschnitt (II. 3.).
[126] Vgl. dazu Schönke/Schröder/*Lenckner* 6 f. vor § 32.
[127] Vgl. oben 1. Abschnitt (II. 2.).
[128] Vgl. z. B. *Tiedemann*, Neuordnung, S. 39; and. aber *Rudolphi* ZfW 1982, 209.

dies die Behörde oder den Staat als Rechtsgutsträger voraus oder wenigstens deren Befugnis, über ein fremdes Rechtsgut disponieren zu dürfen, um über die Frage der Verletzung des Rechtsguts als Folge der genehmigten Handlung entscheiden zu können[129]. Gerade bei den abstrakten Gefährdungsdelikten als Hauptanwendungsfälle der behördlichen Genehmigung[130] ist das in der Regel nicht der Fall. Zwar wird man eine Dispositionsbefugnis über die Rechtsgüter noch annehmen können[131] — so wohl bei der geordneten Wasserwirtschaft als notwendiger Lebensgrundlage für Mensch und Natur als Rechtsgut des § 324, während man bei § 326 schon eher daran zweifeln muß, ist doch bei Abs. 1 Nr. 2 u. a. menschliches Leben und menschliche Gesundheit als unmittelbares Schutzobjekt zu sehen —, jedoch erlaubt die Genehmigung nicht die Verletzung der fraglichen Rechtsgüter. Zwar könnte theoretisch die Genehmigung einer rechtsgutsgefährdenden Verhaltensweise zur Erreichung eines anderweitigen (höheren) Nutzens (gesetzlich) vorgesehen werden, bei den §§ 324, 326 ist dies jedoch nicht der Fall[132]: Eine Genehmigung zum Einleiten oder Einbringen von Stoffen in Gewässer (§ 324) oder zur Beseitigung von Abfall außerhalb zugelassener Anlagen (§ 326) darf nämlich nur erteilt werden, wenn das „Wohl der Allgemeinheit nicht beeinträchtigt wird" (§ 4 Abs. 2 AbfallG, § 6 WHG) und (bei § 6 WHG) „insbesondere eine Gefährdung der öffentlichen Wasserversorgung nicht zu erwarten" ist, so daß keine Rede davon sein kann, daß die von den §§ 324, 326 geschützten Rechtsgüter durch die Genehmigung anderen Interessen geopfert werden.

Die behördliche Genehmigung dient hier nicht der Rechtfertigung von Rechtsgutsverletzungen, sondern vielmehr der Korrektur eines abstrakten Gefährdungsverbots in den Fällen, bei denen die mit dem Normverstoß typischerweise gegebene Gefahr im Einzelfall nicht vorliegt. Damit ist die Genehmigung bei den genannten Delikten nichts anderes als eine auf der Rechtfertigungsebene angesiedelte gesetzlich vorgesehene Korrektur des abstrakten Gefährdungsdelikts bei einer im konkreten Einzelfall ungefährlichen Handlung[133]. Dem widerspricht es auch nicht, daß diese Korrektur oben als Strafausschließungsgrund

---

[129] Insbesondere ist dies bei monopol- oder regalwidrigem Verhalten (wobei hier jedoch ähnlich dem Einverständnis bereits der Tatbestand entfallen dürfte [*Jakobs*, AT, S. 380]) und den Staatsschutzdelikten (vgl. dazu *F. C. Schroeder*, Schutz von Staat und Verfassung, S. 315 ff.) der Fall.

[130] *Goldmann* S. 244 und seine Nachweise S. 128 ff.

[131] Vgl. aber *Rudolphi* ZfW 1982, 201.

[132] So aber *Rudolphi* ZfW 1982, 209.

[133] Damit läßt sich diese Genehmigung dem Rechtfertigungsprinzip des überwiegenden Interesses (vgl. Schönke/Schröder/*Lenckner* 7 vor § 32) zuordnen, da sie der Einzelfallgerechtigkeit Vorrang vor einem umfassenden und im Vorfeld der Verletzung angesiedelten Rechtsgüterschutz einräumt.

II. Fehlerhafte Verfügungen

eingeordnet wurde. Im Unterschied zu dort liegt nicht nur eine rein tatsächlichen Ungefährlichkeit vor, vielmehr wird hier die Ungefährlichkeit von der zuständigen und fachkundigen Behörde festgestellt, so daß gerade die Bedenken, die dort gegen einen Unrechtsausschluß sprechen, hier nicht vorliegen.

Vorgezeichnet scheint durch diese Ausführungen die Behandlung der zwar unbefugten, aber genehmigungsfähigen Handlung; auch sie müßte als tatsächlich ungefährlich aufgrund eines Strafausschließungsgrundes straflos sein, es sei denn, es lägen Gesichtspunkte vor, die hier gegen die Korrektur des abstrakten Gefährdungsdelikts nach allgemeinen Grundsätzen sprächen. Ohnehin werden die Fälle der Genehmigungsfähigkeit selten sein, da dem Verwaltungsrecht für den hier fraglichen Bereich das Prinzip des repressiven Verbots mit Befreiungsvorbehalt zugrunde liegt, so daß dem Bürger nur ein Anspruch auf fehlerfreie Ermessensausübung zusteht[134], wobei außerdem der Behörde ein weites Ermessen eingeräumt wird[135], was praktisch die Ermessensreduzierung auf null und damit einen Genehmigungsanspruch ausschließt[136]. Die Frage der Genehmigungsfähigkeit kann sich aber dann stellen, wenn eine einmal erteilte Befugnis aus unzutreffenden Gründen zurückgenommen wird, sie später jedoch wieder erteilt wird und der Täter diese zwischenzeitliche Rücknahme mißachtet hat. Gegen einen Strafaufhebungsgrund könnte in diesen Fällen der Massierungseffekt sprechen, was dazu führen muß, daß die Ungefährlichkeit eines einzelnen Verstoßes für das geschützte Rechtsgut nicht zur Straflosigkeit führen darf, sich also der Verunreiniger *eines* kleinen Baches nicht auf die Ungefährlichkeit seiner Handlung für eine geordnete Wasserwirtschaft als Lebensgrundlage für Mensch und Natur berufen kann[137]. Doch dies kann einer genehmigungsfähigen Wasserbenutzung nicht entgegengehalten werden, da diese (materiell-rechtlich) mit der geordneten Wasserwirtschaft in Einklang steht. Es stellt sich nun allenfalls noch die Frage, ob die §§ 324, 326 nicht — ähnlich wie §§ 327, 328 — die Verletzung von Kontrollinteressen sanktionieren und deshalb das Strafbedürfnis bei bloßer Genehmigungsfähigkeit nicht entfallen kann. Dem widerspricht bereits die nur rechtfertigende Wirkung der Genehmigung, die nicht zu erklären wäre, wenn durch die genannten Tatbestände lediglich Ordnungsinteressen geschützt wären — dann müßte bei genehmigtem Handeln nämlich bereits der Tatbestand entfallen —, so daß diese Tatbestände dem *unmittelbaren* Schutz konkreter Rechtsgüter

---

[134] Vgl. oben 1. Abschnitt (II. 3.).
[135] Vgl. etwa gerade im Wasserrecht *Sieder/Zeitler* § 6 WHG RN 2.
[136] So auch *Rudolphi* ZfW 1982, 208 f.
[137] Schönke/Schröder/*Cramer* 3 a vor § 306, *Schittenhelm* GA 1983, 320, *Schünemann* JA 1975, 798.

dienen (z. B. bei § 324 die geordnete Wasserwirtschaft) und es deshalb materieller Gerechtigkeit widerspräche, bei in einem Einzelfall nicht gefährlichem Handeln wegen rechtsgutsgefährdendem Verhalten zu bestrafen. Dem Täter muß deshalb ein Strafausschließungsgrund zugute kommen[138, 139].

2. Fehlerhafte begünstigende Verwaltungsakte

Wie bei den belastenden Verwaltungsakten stellt sich auch bei den begünstigenden die Frage nach den strafrechtlichen Auswirkungen im Falle ihrer Fehlerhaftigkeit. So liegt es nur nahe, daß auch hier im wesentlichen zwei Ansichten vertreten werden, von denen die eine für die strafrechtliche Beachtlichkeit der Genehmigung deren Rechtmäßigkeit verlangt[1], während sich die andere grundsätzlich mit der verwaltungsrechtlichen Wirksamkeit begnügt und davon Einschränkungen nur unter dem Gesichtspunkt des Rechtsmißbrauchs macht[2]. Angesichts des Umstandes, daß bei den fehlerhaft belastenden Verwaltungsakten die Strafbarkeit aus Gründen der materiellen Gerechtigkeit einzuschränken ist, könnte man geneigt sein, auch hier generell nur der fehlerlosen Genehmigung tatbestandsausschließende oder rechtfertigende Wirkung zuzusprechen oder jedenfalls die Wirksamkeit der fehlerhaften über den Gedanken des Rechtsmißbrauchs einzuschränken. Es scheint nämlich, jedenfalls auf den ersten Blick, den Gedanken eines wirksamen Rechtsgüterschutzes und der Gerechtigkeit zu widersprechen, daß der Anlagenbetreiber (§ 325) oder der Abwassereinleiter (§ 324), die materiell nicht genehmigungsfähige Handlungen vornehmen, nicht bestraft werden, weil sie sich auf erschlichene und durch Zwang oder Bestechung erlangte Genehmigungen berufen können, die zwar rechtswidrig, aber verwaltungsrechtlich wirksam sind[3]. Und in der Tat scheint man dies

---

[138] Dies müßte aus den bereits oben genannten Gründen (oben FN 109) auch für den in Unkenntnis einer tatsächlich vorliegenden Genehmigung handelnden Täter gelten.

[139] Im Ergebnis ebenso Schönke/Schröder/*Cramer* 21 vor § 324, *Rudolphi* ZfW 1982, 208 f.

[1] *Blei* AT S. 56, *Goldmann* S. 246, *Mezger*, Strafrecht, S. 226 und für den Sonderfall des § 331 aufgrund des Gesetzeswortlautes („zuständige Behörde im Rahmen ihrer Befugnisse") *Rudolphi* SK § 331 RN 46, *Dreher/Tröndle* § 331 RN 19; and. jedoch auch hier Schönke/Schröder/*Cramer* § 331 RN 53.

[2] StA Landau NStZ 1984, 554, *Hirsch* LK⁹ 148 vor § 51, *Horn* NJW 1981, 2 f., SK 7 vor § 324 (vgl. aber auch UPR 1983, 366), *Lackner* § 324 Anm. 5 a, *Ostendorf* JZ 1981, 174, *Rudolphi* ZfW 1982, 201 f., Dünnebier-Festschrift S. 562 f., NStZ 1984, 194, Schönke/Schröder/*Cramer* 16 vor § 324, Schönke/Schröder/*Lenckner* 63 vor § 32, *Sack* § 324 StGB RN 62 a, *Dreher/Tröndle* § 324 RN 7 (vgl. aber auch 5 vor § 32), *Zeitler* S. 119.

[3] Vgl. § 48 Abs. 2 S. 3 Nr. 1 VwVfG und Stelkens/Bonk/Leonhardt § 44 RN 11.

II. Fehlerhafte Verfügungen

weder beim Anlagenbetreiber noch beim Abwassereinleiter akzeptieren zu wollen[4].

a) Tatbestandsausschließende Verwaltungsakte

So ähnlich beide Fälle zunächst auch scheinen mögen, so unterschiedlich muß ihre Lösung doch sein, wenn man die jeweilige Bedeutung der behördlichen Genehmigung in Betracht zieht. In den Fällen der §§ 311 d, 325, 327, 328 und im Fall der Zulassung (Genehmigung) der Anlage in § 326 hat — wie oben bereits gezeigt — die Genehmigung tatbestandsausschließende Wirkung mit der Folge, daß es beim Vorliegen dieser Genehmigung am Tatbestandsmerkmal „unter Verletzung verwaltungsrechtlicher Pflichten" usw. fehlt. Wollte man hier deshalb bei grundsätzlicher Anerkennung der verwaltungsrechtlichen Wirksamkeit über den Gedanken des Rechtsmißbrauchs zu einer Strafbarkeit gelangen, bedeutete dies nichts anderes als die Aufhebung des Gesetzlichkeitsprinzips im Strafrecht (Art. 103 Abs. 2 GG, § 1): Bestraft werden kann eben nur derjenige Täter, der den gesetzlichen Tatbestand verwirklicht und nicht bereits der, der nach dem gesunden Rechtsempfinden Strafe verdient.

Aber auch die Vertreter der Ansicht, die nur der rechtmäßigen verwaltungsrechtlichen Genehmigung strafrechtliche Wirksamkeit zuerkennen wollen, können bei der tatbestandsausschließenden Genehmigung zu keiner Strafbarkeit gelangen[5]. Der Wortlaut des gesetzlichen Tatbestandes verbietet in diesem Fall nämlich eine — hier zunächst einmal grundsätzlich als möglich unterstellte — Befreiung des Strafrechts von verwaltungsrechtlichen Kategorien, denn der Gesetzgeber ordnet eine solche Bindung gerade an, indem er eine Verletzung *verwaltungsrechtlicher* Pflichten verlangt. Wie denn sonst sollen verwaltungsrechtliche Pflichten bestimmt werden, wenn nicht nach den Kategorien des Verwaltungsrechts?

Daß durch die Bindung dieser Tatbestände an die verwaltungsrechtliche Verfügung in den oben genannten Fällen der erschlichenen usw. Genehmigung Strafbarkeitslücken entstanden sind, soll damit nicht bestritten werden; sie können aber nicht durch rechtsstaatswidrige Konstruktionen, sondern nur durch den Gesetzgeber geschlossen werden.

Ein unzutreffender begünstigender Verwaltungsakt kann deshalb den gesetzlichen Tatbestand nur dann nicht ausschließen, wenn er nach verwaltungsrechtlichen Grundsätzen nichtig (§ 44 VwVfG) und deshalb unbeachtlich ist. Es stellt sich dabei allerdings die Frage, wie der gutgläubige Bürger zu behandeln ist, der auf diesen nichtigen Akt ver-

---

[4] *Horn* SK 7 vor § 324, Schönke/Schröder/*Cramer* 17 vor § 324.
[5] So auch *Goldmann* S. 246.

traut. Hier kann nichts anderes gelten als bei den nichtigen (begünstigenden) Normen[6], so daß beim Täter das vorsätzliche Handlungsunrecht entfällt, da er — an die Wirksamkeit der Genehmigung glaubend — das Tatbestandsmerkmal „unter Verletzung verwaltungsrechtlicher Pflichten" nicht kennt (§ 16 Abs. 1 S. 1)[7]. Allerdings wird bei diesen Tätern in der Regel Fahrlässigkeit vorliegen (vgl. § 16 Abs. 1 S. 2), da den Nichtigkeitsgründen des § 44 VwVfG die Evidenztheorie zugrunde liegt und der Verwaltungsakt also seine Fehlerhaftigkeit „gewissermaßen auf der Stirn" trägt[8].

b) Rechtfertigende Verwaltungsakte

Ganz anders könnte sich die Lösung der fehlerhaften Genehmigung freilich bei den Tatbeständen darstellen, bei denen sie die Funktion eines Rechtfertigungsgrundes hat und dadurch das allgemeine Deliktsmerkmal der Rechtswidrigkeit („unbefugt") entfallen läßt.

aa) Die rechtfertigende Wirkung wirksamer (rechtswidriger) Verwaltungsakte und die Korrekturversuche der h. M.

Obwohl es hier der Schutzbereich der in Frage stehenden §§ 324, 326 geradezu verlangen würde, die rechtfertigende Wirkung der behördlichen Genehmigung auf inhaltlich „richtige" Verwaltungsakte zu beschränken[9], läßt jedenfalls die neuere h. M. die Wirksamkeit der Verfügung auch hier genügen[10] und macht Ausnahmen lediglich nach den bei der provozierten Notwehrlage erörterten Grundsätzen[11]. Begründet wird dies mit der sog. Tatbestandswirkung der Verwaltungsakte[12] und dem Umstand, daß umgekehrt auch beim belastenden Verwaltungsakt die Wirksamkeit der Verfügung für die Strafbarkeit genüge[13].

---

[6] Vgl. oben I. 2.
[7] Schönke/Schröder/*Cramer* 23 vor § 324, *Sack* § 325 StGB RN 141 ff., *Dreher/Tröndle* § 284 RN 15; and. jedoch *Rudolphi* ZfW 1982, 203 (Verbotsirrtum), der allerdings verkennt, daß der Rechtsirrtum über die Wirksamkeitsvoraussetzung beim Verwaltungsakt im Strafrecht zur Nichtkenntnis eines Tatbestandsmerkmals führt und i. Erg. ebenso *Armin Kaufmann*, Klug-Festschrift II S. 288, der die Wirksamkeit einer Genehmigung als eine außerhalb des Tatbestands liegende „Gültigkeitsvoraussetzung" ansieht, deren irrige Annahme zum Verbotsirrtum führt.
[8] *Wolff/Bachof* I § 51 1 c 4, vgl. auch *Rudolphi* ZfW 1982, 203.
[9] Formelle Fehler indessen sind unter dem Gesichtspunkt des strafrechtlichen Rechtsgüterschutzes unbeachtlich, vgl. auch Schönke/Schröder/*Cramer* 17 vor § 324.
[10] Vgl. oben FN 2.
[11] *Horn* SK 7 vor § 324, NJW 1981, 2 f., *Lackner* § 324 Anm. 5 a, *Rudolphi* ZfW 1982, 302, *Sack* § 324 StGB RN 62 a, Schönke/Schröder/*Cramer* 17 vor § 324, *Dreher/Tröndle* § 324 RN 7, *Tiedemann*, Neuordnung, S. 26 f., *Zeitler* S. 120, StA Mannheim NJW 1976, 585.
[12] *Rudolphi* ZfW 1982, 202, NStZ 1984, 197, *Zeitler* S. 119.
[13] *Rudolphi* ZfW 1982, 202, NStZ 1984, 197, Schönke/Schröder/*Cramer* 17 vor § 324.

II. Fehlerhafte Verfügungen

Diese Begründungen sind jedoch wenig stichhaltig[14]: Denn anders als bei den Tatbeständen, bei denen das Merkmal des Handelns „entgegen verwaltungsrechtlicher Pflichten" unmittelbar an verwaltungsrechtliche Kategorien anknüpft, und die gewissermaßen nicht jeden Umweltverstoß erfassen, sondern nur den, der in der besonderen Tatenmodalität des *verwaltungswidrigen* Angriffs erfolgt, wird bei den §§ 324, 326 (in der Alternative des Abfallbeseitigens außerhalb zugelassener Anlagen) jeder Angriff gegen die einschlägigen Rechtsgüter erfaßt. Wenn das Strafrecht das tatbestandsverwirklichende Verhalten aber ausnahmsweise durch die behördliche Genehmigung gerechtfertigt sein läßt, so steht dem jedenfalls zunächst einmal nichts entgegen, wie bei der Einwilligung auch, neben dem Vorhandensein des tatsächlichen Erklärungsaktes — und nur die Anerkennung dieses Umstandes verlangt die Tatbestandswirkung — weitere (rechtsgutsbezogene) Anforderungen zu stellen.

Die Anknüpfung an die bloße verwaltungsrechtliche Wirksamkeit ist auch keine notwendige Konsequenz aus der strafrechtlichen Beachtlichkeit des wirksamen (aber rechtswidrigen) belastenden Verwaltungsakts. Während dort bei der Genehmigungsfähigkeit einer Handlung diesem Umstand aus Gründen eines wirksamen Rechtsgüterschutzes keine rechtfertigende Wirkung zugesprochen wird, sondern dafür die tatsächliche Erteilung der Genehmigung verlangt wird, bedeutet hier das Abstellen auf die tatsächliche Genehmigung ohne Beachtung der materiellen Rechtslage gerade eine Durchbrechung eines umfassenden Rechtsgüterschutzes. Daß dieses Argument nicht überzeugend ist, zeigt sich übrigens auch, wenn man die Parallele zur Einwilligung zieht: So kommt dort niemand auf den Gedanken, wegen der nicht rechtfertigenden Wirkung einer irrtümlich erteilten Einwilligung eine Rechtfertigung bei irrtümlicher Verweigerung der Einwilligung anzunehmen.

Die Anknüpfung an die verwaltungsrechtliche Wirksamkeit ließe sich allenfalls damit rechtfertigen, daß das strafrechtliche Verbot mit der Möglichkeit einer rechtfertigenden Genehmigung nicht nur präventiven Kontrollinteressen dient, sondern die behördliche Genehmigung — gewissermaßen als Kehrseite — eine für den konkreten Fall ergangene Unbedenklichkeitsbescheinigung für eine sonst typischerweise gefährliche Handlung darstellt[15] und dieser Umstand es verlangt, daß der Bürger auf diese Bescheinigung vertrauen kann und von der Pflicht befreit wird, selbst noch einmal die Gefährlichkeit der Handlung beurteilen zu müssen[16].

---

[14] So wohl auch *Horn* NJW 1981, 2.
[15] AE, BT 2. Halbbd. S. 53, *Backes* JZ 1973, 341, *Goldmann* S. 244, *Rogall* JZ-GD 1980, 104, *Triffterer*, Umweltstrafrecht, S. 182 ff., Maurach/*Zipf* I/1 S. 428.
[16] Kritisch allerdings *Horn*, Welzel-Festschrift S. 726 ff., insbes. S. 736. Daß

Daß sich aber eine uneingeschränkte Anknüpfung an eine verwaltungsrechtliche Wirksamkeit der Genehmigung ohne Korrektur nicht aufrechterhalten läßt, wird indessen allgemein anerkannt, da eine rechtfertigende Wirkung, jedenfalls der erschlichenen, der durch Zwang oder Bestechung erlangten (inhaltlich falschen, aber verwaltungsrechtlich wirksamen) Genehmigung dem Prinzip materieller Gerechtigkeit zu tiefst widersprechen würde. Man glaubt den Weg dahin über die Grundsätze zur Einschränkung der Notwehr bei Provokationen gefunden zu haben[17]. Ohne auf diese Lehre hier im einzelnen eingehen zu können, lassen sich hierzu im wesentlichen zwei Ansichten feststellen — der Gedanke des Rechtsmißbrauchs[18] und die Konstruktion der actio illicita in causa[19] —, deren Übertragung auf die behördliche Genehmigung jedoch zu unterschiedlichen Ergebnissen führen würde[20]: Wählte man den von der h. M. im Umweltstrafrecht[21] bevorzugten Weg über den Rechtsmißbrauchsgedanken, der zu einem Ausschluß der Rechtfertigung in den Mißbrauchsfällen führt, so lassen sich darunter sicherlich die Fälle der durch Zwang, Täuschung und Bestechung erlangten Genehmigung subsumieren.

Ob allerdings der Rechtsmißbrauchsgedanke die rechtfertigende Wirkung der Genehmigung in einer Weise zu begrenzen vermag, wie sie ein effektiver Rechtsgüterschutz erfordern würde, erscheint zweifelhaft. Nicht rechtsmißbräuchlich handelt nämlich zum einen der Täter, der eine unrichtige Genehmigung zwar unvorsätzlich, aber in vorwerfbarer Weise (fahrlässig) durch falsche Angaben erlangt hat oder auch der, der die Unrichtigkeit einer ohne sein Zutun falsch erteilten Genehmigung hätte erkennen können. Während die durch fahrlässige Falschangaben erlangte Genehmigung nicht rechtfertigen dürfte, da bei rechtsgutsbezogenen falschen Angaben im Genehmigungsgesuch — mögen sie nun vorsätzlich oder fahrlässig erfolgt sein — das Genehmigungsverfahren seinen vorgesehenen Zweck — die Bewertung einer Handlung unter dem Gesichtspunkt der präventiven Kontrolle und eines zutreffenden Unbedenklichkeitsurteils — nicht zu erfüllen vermag, liegt es im zweiten Fall anders. Wenn dem Bürger trotz eines ordnungsgemäßen Genehmigungsgesuchs eine fehlerhafte Genehmigung erteilt wurde, deren

---

aber in den §§ 324 ff. die Genehmigung auch diese Entlastungsfunktion hat, zeigt sich recht deutlich bei § 330, wo die Genehmigung selbst eine konkrete Gefährdung rechtfertigt. *Horn* (UPR 1983, 366) will dem neuerdings durch eine „objektive Straflosigkeitsbedingung" Rechnung tragen.

[17] *Horn* NJW 1981, 3, Schönke/Schröder/*Cramer* 17 vor § 324.
[18] Insbes. *Roxin* ZStW 75, 541 m. w. Nachw.
[19] *Kohlrausch* § 53 Nr. 5 und *Baumann* AT S. 304 f. m. w. Nachw.
[20] And. aber wohl *Rudolphi* ZfW 1982, 203.
[21] Vgl. nur *Horn* NJW 1981, 3, SK 7 vor § 324, *Rudolphi* ZfW 1982, 203, Schönke/Schröder/*Cramer* 17 vor § 324, Dreher/Tröndle § 324 RN 7, *Lackner* § 324 Anm. 5 a, *Tiedemann*, Neuordnung, S. 27 jeweils m. w. Nachw.

II. Fehlerhafte Verfügungen

Fehlerhaftigkeit er zwar bei gehöriger Gewissensanspannung hätte erkennen können, darf ihm das — wenn die Unbedenklichkeitsbescheinigung überhaupt eine praktische Bedeutung haben soll — nicht zum Vorwurf gemacht werden.

Als sachgerechte Lösung könnte sich daher der zweite Weg einer Rechtfertigungseinschränkung — die actio illicita in causa — zur Korrektur der grundsätzlichen Straflosigkeit des aufgrund einer fehlerhaften Genehmigung handelnden Täters anbieten, der — anknüpfend an das zur Genehmigung führende Vorverhalten des Täters — dann zu einer Bestrafung wegen eines fahrlässigen bzw. vorsätzlichen Umweltdelikts führen würde[22].

Nicht erfaßt wäre aber von der actio illicita in causa die Ausnutzung einer als fehlerhaft erkannten Genehmigung, da es an einem vorwerfbaren Vorverhalten des Täters fehlt. Dennoch ist dieser nicht schutzwürdig und sollte sich nicht auf die Genehmigung berufen können. Ihm gegenüber hat nämlich die Unbedenklichkeitsbescheinigung ihre Funktion verloren, da er über anderweitige, bessere Kenntnisse verfügt. Der Umstand, daß er die Fehlerhaftigkeit der Genehmigung nicht zu verantworten hat, gibt ihm nicht das Recht, so zu tun, als ob ihn aufgrund der Genehmigung die Folgen seines Handelns nichts angingen und seine der Genehmigungsbehörde überlegene Kenntnis nicht zu verwerten[23]. Schließlich ist er es, der die gefährliche Handlung zu seinem Nutzen vornimmt, und es ist ihm auch bekannt, daß der formellen Rechtsposition der Genehmigung der materielle Gehalt fehlt. Aber abgesehen davon, daß die actio illicita in causa dieses Verhalten nicht erfaßt, sprechen gegen ihre Anwendung noch andere Gesichtspunkte: Da die actio illicita in causa nicht das Erfordernis tatbestandsmäßigen Verhaltens zu beseitigen vermag, kann nicht jedes pflichtwidrige Vorverhalten zur Strafbarkeit führen, sondern das Vorverhalten muß — freilich unter Heranziehung des durch die unmittelbare (rechtmäßige) Handlung verwirklichten Erfolges — den gesetzlichen Tatbestand verwirklichen. Unproblematisch ist dies nur bei (wie etwa § 324) reinen fahrlässigen Handlungs- oder Erfolgsdelikten, die keine besonderen Tatmodalitäten verlangen. Hier genügt jede für den Erfolg kausale und sich im Rahmen der allgemeinen Zurechnungslehre sich bewegende Handlung[24]. Verlangt der Tatbestand dagegen besondere Tatmodalitäten (z. B. § 325: Veränderung der natürlichen Zusammensetzung der Luft *beim Betrieb einer Anlage*[25]), so wird das Vorverhalten (also etwa das Erschleichen

---

[22] Zur Konstruktion der a. i. i. c. neuestens *Constandinidis* S. 15 ff.
[23] So aber Schönke/Schröder/*Cramer* 17 vor § 324, *Rudolphi* ZfW 1982, 203.
[24] *Dencker* JuS 1979, 782, *Küper* S. 50.
[25] Zu § 326 Abs. 4 (bzw. §§ 4 Abs. 1, 18 Abs. 1 AbfG) vgl. *Dencker* JuS 1979, 783 einerseits und BayObLG NJW 1978, 2046, *Küper* S. 157 f. andererseits.

der Genehmigung) nicht vom Wortlaut des gesetzlichen Tatbestandes erfaßt mit der Folge, daß das rechtswidrige Vorverhalten nicht tatbestandsmäßig, die tatbestandsmäßige Handlung ihrerseits wegen der erschlichenen, aber wirksamen Genehmigung nicht rechtswidrig ist[26]. Noch weniger wirksam erweist sich die actio illicita in causa bei den Vorsatzdelikten. Dort ist nicht jedes, dem Erfolg zeitlich vorgelagerte Verhalten ein Element tatbestandsmäßigen Handelns, sondern nur dann, wenn sich dieses Handeln zumindest als Anfang der Ausführung, also als unmittelbares Ansetzen zur Tatbestandsverwirklichung darstellt. Alle früheren Handlungen dagegen gehören in den Bereich der straflosen Vorbereitung und verwirklichen auch nicht über die actio illicita in causa die Voraussetzungen strafbaren tatbestandsmäßigen Verhaltens[27]. Das sich rechtswidrige Verschaffen einer Genehmigung unterfiele deshalb über die actio illicita in causa nur dann einer Strafe, wenn etwa das Einreichen unrichtiger Unterlagen im Genehmigungsverfahren den Versuchsbeginn einer — u. U. Jahre später erfolgenden — Verunreinigung eines Gewässers wäre[28].

bb) Die rechtfertigende Wirkung materiell rechtmäßiger Verwaltungsakte

Angesichts dieser hier nur angerissenen Problematik einer Einschränkung der rechtfertigenden Wirkung von rechtswidrigen, aber wirksamen Genehmigungen durch die Grundsätze des Rechtsmißbrauchs bzw. der actio illicita in causa stellt sich die Frage, ob solchen Konstruktionen nicht letztlich die Ansicht der Mindermeinung — eine Beschränkung der Rechtfertigung auf inhaltlich „richtige", d. h. also materiell rechtmäßige Genehmigungen[29] — vorzuziehen ist. Dem könnte allerdings der Genehmigungszweck unter dem Gesichtspunkt der Unbedenklichkeitsbescheinigung entgegenstehen, auf die sich der Bürger grundsätzlich verlassen können und die ihm eigene Prüfungspflichten ersparen soll. Dieser Zweck wäre in der Tat unterlaufen, müßte der Bürger trotz erfolgter Genehmigung eigene Prüfungen vornehmen, wollte er nicht Gefahr laufen, wegen fahrlässigen Umweltdelikts bestraft zu werden. Die Genehmigung wäre dann auf ihren präventiven Kontrollzweck reduziert.

Indes ist diese Konsequenz bei einer Beschränkung der rechtfertigenden Wirkung auf die rechtmäßige Genehmigung keineswegs zwingend.

---

[26] *Dencker* JuS 1979, 783, *Küper* S. 517.
[27] *Küper* S. 61 ff.
[28] Bejahend *Bertel* ZStW 1984, 25 f., *Lenckner* GA 1961, 304; ablehnend *Küper* S. 78, 87, *Roxin* ZStW 75, 553 f.
[29] Unerheblich sind dagegen formelle, nicht rechtsgutsbezogene Fehler (vgl. Schönke/Schröder/*Cramer* 17 vor § 324); and. aber *Blei* AT S. 156, *Goldmann* S. 246, die auch die formelle Rechtmäßigkeit verlangen.

II. Fehlerhafte Verfügungen

Dies zeigt bereits der Parallelfall des aufgrund einer durch einen rechtsgutsbezogenen Irrtum beeinflußten und deshalb unwirksamen Einwilligung handelnden Täters. Dieser kann sich zwar nicht auf den Rechtfertigungsgrund der Einwilligung berufen, wohl aber kommt ihm eine Putativeinwilligung zugute, die nach der herrschenden eingeschränkten Schuldtheorie das vorsätzliche Unrecht entfallen läßt (§ 16 bzw. § 16 analog)[30] und die auch in der Regel zu keiner fahrlässigen Tat führt (vgl. § 16 Abs. 1 S. 2), da der Täter grundsätzlich solange auf den Erklärungstatbestand vertrauen darf, bis Anzeichen auf Willensmängel hindeuten[31].

Überträgt man dieses Vertrauensprinzip auf das Verhältnis zwischen dem aufgrund einer Putativgenehmigung handelnden Bürger und der Genehmigungsbehörde, so ergibt sich folgendes[32]: Da der Gesetzgeber der zuständigen Fachbehörde wegen ihrer Kompetenz ein Prüfungsmonopol für die Beurteilung der Umweltgefährlichkeit einer Handlung übertragen und dem Bürger damit das Recht entzogen hat, seine Handlungen eigenständig zu bewerten, kann dieser sich grundsätzlich auf die Richtigkeit der erteilten Genehmigung verlassen. Dies gilt nur dann nicht mehr, wenn der Bürger die Unrichtigkeit der Entscheidung kennt oder sie sich ihm aufdrängt. Zwar begründet dies für ihn keine Prüfungspflicht hinsichtlich der Richtigkeit, bedeutet aber — und dies stellt keine unbilligen Anforderungen dar —, daß er nicht blindlings, u. U. gar seine besseren Kenntnisse unterdrückend, die Richtigkeit der Genehmigung unterstellt.

Die zweite Einschränkung betrifft die Fälle, in denen die Unrichtigkeit der Genehmigung im Verantwortungsbereich des Genehmigungsempfängers (mit-)verursacht wurde, also der Bürger durch vorsätzliche oder fahrlässige Falschangaben im Genehmigungsverfahren eine zutreffende Entscheidung der Behörde unmöglich macht. Bei Vorsatz unterliegt er bereits keinem Erlaubnistatbestandsirrtum und im Fall der Fahrlässigkeit wäre der Irrtum für ihn vermeidbar gewesen, so daß entweder wegen Vorsatz- oder Fahrlässigkeitstat bestraft wird.

Eine behördliche Genehmigung ist also nur bei inhaltlicher Richtigkeit rechtfertigend; im Falle der Unrichtigkeit kommt dem Täter i. d. R. jedoch ein unvermeidbarer Erlaubnistatbestandsirrtum zugute.

---

[30] Vgl. etwa BGHSt 2, 236, Schönke/Schröder/*Cramer* § 16 RN 13 b m. w. Nachw.
[31] Schönke/Schröder/*Lenckner* 49 vor § 32.
[32] Die Situation entspricht hier im wesentlichen dem Verhältnis zwischen Anweisendem und Weisungsempfänger, vgl. dazu Schönke/Schröder/*Cramer* § 15 RN 151 ff., Schönke/Schröder/*Lenckner* 37 vor § 32.

Schrifttumsverzeichnis

Albrecht, Hans-Jörg / *Heine*, Günter / *Meinberg*, Volker: Umweltschutz durch Strafrecht, ZStW 96, 1.

Alternativ-Entwurf eines Strafgesetzbuches (zit. AE), Besonderer Teil, Straftaten gegen die Person (2. Halbband), vorgelegt von Arzt, Backes, Baumann u. a., Tübingen 1971.

Amelung, Knut: Rechtsgüterschutz und Schutz der Gesellschaft, Frankfurt/ Main 1972.

Arnhold, Dieter: Verstöße gegen rechtswidrige Verkehrszeichen, DAR 1973, 64.

— Strafbarer Ungehorsam gegen rechtswidrige Verwaltungsakte, JZ 1977, 789.

— Die Strafbewehrung rechtswidriger Verwaltungsakte, Frankfurt/Main 1978.

Ausschußprotokoll über die 73. Sitzung des Bundestags-Rechtsausschusses am 25. 7. 1979 (zit. AP I) und Anlage dazu (zit. AP II) betr. Gesetz zur Bekämpfung der Umweltkriminalität.

Bachof, Otto: Anmerkung zu OLG Stuttgart, DÖV 1967, 132.

— Neue Tendenzen in der Rechtsprechung zum Ermessen und zum Beurteilungsspielraum, JZ 1972, 641.

Backes, Otto: Umweltstrafrecht, JZ 1973, 337.

— Fehlstart im Umweltstrafrecht, ZRP 1975, 229.

Baumann, Jürgen: Haltet den Dieb!, DAR 1962, 93.

— Strafrecht, Allgemeiner Teil, 8. Aufl., Bielefeld 1977.

Beling, Ernst: Wesen, Strafbarkeit und Beweis der Üblen Nachrede, Tübingen 1909.

— Methode der Gesetzgebung, insbesondere der Strafgesetzgebung, Berlin 1922.

Bertel, Christian: Notwehr gegen verschuldete Angriffe, ZStW 84, 1.

Bettermann, Karl August: Verwaltungsakt und Richterspruch, Forschungen und Berichte aus dem Öffentlichen Recht, Gedächtnisschrift für Jellinek, hrsgg. von Bachof u. a., München 1955, S. 361.

Bickel, Christian: Die Strafbarkeit der unbefugten Gewässerverunreinigung nach § 38 WHG, ZfW 1979, 139.

Binding, Karl: Handbuch des Strafrechts, Erster Band, Leipzig 1885.

— Die Normen und ihre Übertretung, Bd. I: Normen und Strafgesetze, 3. Aufl., Leipzig 1916, Bd. IV: Die Fahrlässigkeit, 1. Aufl., Leipzig 1919.

Blei, Hermann: Strafrecht I, Allgemeiner Teil, 18. Aufl., München 1983.

Bloy, René: Die dogmatische Bedeutung der Strafausschließungs- und Strafaufhebungsgründe, Berlin 1976.

Böckenförde, Christoph: Die sogenannte Nichtigkeit verfassungswidriger Gesetze, Berlin 1966.

Bohnert, Joachim: Die Abstraktion der abstrakten Gefährdungsdelikte — BGH NJW 1982, 2329, JuS 1984, 182.

Brehm, Wolfgang: Zur Dogmatik des abstrakten Gefährdungsdelikts, Tübingen 1973.

— Die ungefährliche Brandstiftung — BGH NJW 1975, 1369, JuS 1976, 22.

Bruns, Hans-Jürgen: Die Befreiung des Strafrechts vom zivilistischen Denken, Berlin 1938.

Buckenberger, Hans-Ulrich: Strafrecht und Umweltschutz. Möglichkeiten und Grenzen. Dargestellt anhand der Abfallbeseitigung, Tübingen 1975.

Bullinger, Martin: Die Selbstermächtigung zum Erlaß von Rechtsvorschriften, Heidelberg 1958.

Burgstaller, Manfred: Das Fahrlässigkeitsdelikt im Strafrecht, Wien 1974.

Class, Wilhelm: Generalklauseln im Strafrecht, Festschrift für Eb. Schmidt zum 70. Geburtstag, hrsgg. von Bockelmann und Gallas, Göttingen 1961, S. 122.

Constandinidis, Angelos: Die „actio illicita in causa", Würzburg 1982.

Cramer, Peter: Der Vollrauschtatbestand als abstraktes Gefährdungsdelikt, Tübingen 1962.

Czychowski, Manfred: Das neue Wasserrecht im Gesetz zur Bekämpfung der Umweltkriminalität — Entwurf eines 16. Strafrechtsänderungsgesetzes, ZfW 1980, 208.

Dencker, Friedrich: Der verschuldete rechtfertigende Notstand — BayObLG NJW 1978, 2046, JuS 1979, 779.

Dingeldey, Thomas: Anmerkung zu BGH NStZ 1982, 158, NStZ 1982, 160.

Dohna, Alexander Graf zu: Beziehungen und Begrenzungen von Strafrecht und Verwaltungsrecht, Verwaltungsarchiv 30, 233.

Dreher, Eduard: Was ist Strafrecht i. S. des Art. 74 Nr. 1 GG, NJW 1952, 1282.

— / *Tröndle*, Herbert: Strafgesetzbuch, Kommentar, 42. Aufl., München 1985.

Eyermann, Erich / *Fröhler*, Ludwig: Verwaltungsgerichtsordnung, 8. Aufl., München 1980.

Forsthoff, Ernst: Lehrbuch des Verwaltungsrechts, 1. Bd., Allgemeiner Teil, 10. Aufl., München 1973.

Friauf, Karl: Das Verbot mit Erlaubnisvorbehalt — OVG Lüneburg, VerwRspr. 12 Nr. 6, JuS 1962, 422.

Gallas, Wilhelm: Abstrakte und konkrete Gefährdung, Festschrift für Heinitz zum 70. Geburtstag, hrsgg. von Lüttger, Berlin, New York 1972, S. 171.

Geerds, Friedrich: Gnade, Recht und Kriminalpolitik, Recht und Staat Heft 228/229, Tübingen 1960.

Gerhards, Wolfgang: Die Strafbarkeit des Ungehorsams gegen Verwaltungsakte, NJW 1978, 86.

Giacometti, Zaccerias: Allgemeine Lehren des rechtsstaatlichen Verwaltungsrechts, 1. Bd., Zürich 1960.

Gieseke, Paul / *Wiedemann*, Werner / *Czychowski*, Manfred: Wasserhaushaltsgesetz, Kommentar, 3. Aufl., München 1979.

Göhler, Erich / *Buddendiek*, Hans / *Lenzen*, Karl: Lexikon des Nebenstrafrechts, Registerband zu Erbs/Kohlhaas, Strafrechtliche Nebengesetze, Loseblattsammlung, Stand 1981, München.

Goldmann, Heinz Gerd: Die behördliche Genehmigung als Rechtfertigungsgrund, Dissertation Freiburg 1967.

Goldschmidt, James: Das Verwaltungsstrafrecht, Berlin 1902 (Neudruck Aalen 1969).

Goll, Eberhard: Offenbarungsbefugnisse im Rahmen des § 203 Abs. 2 StGB, Dissertation Tübingen 1980.

Gornik, Ursula: Die Strafbarkeit von Zuwiderhandlungen gegen rechtswidrige Verwaltungsakte, Dissertation Frankfurt/Main 1971.

Haaf, Eberhard: Die Fernwirkung gerichtlicher und behördlicher Entscheidungen, Paderborn, München, Wien, Zürich 1984.

Henkel, Hans: Der Gefahrbegriff im Strafrecht, Str.Abh. 270, Breslau 1930.

Hoffmann-Riem, Wolfgang: „Anscheinsgefahr" und „Anscheinsverursachung" im Polizeirecht, Verfassung, Verwaltung, Finanzen, Festschrift für Wacke zum 70. Geburtstag, hrsgg. von Tipke u. a., Köln 1972, S. 327.

Horn, Eckhard: Konkrete Gefährdungsdelikte, Köln 1973.

— Erlaubtes Risiko und Risikoerlaubnis, Festschrift für Welzel zum 70. Geburtstag, hrsgg. von Stratenwerth u. a., Berlin, New York 1974, S. 719.

— Strafbares Fehlverhalten von Genehmigungs- und Aufsichtsbehörden?, NJW 1981, 1.

— Umweltschutz-Strafrecht: eine After-Disziplin, UPR 1983, 362.

Hösel, Gottfried / *v. Lersner*, Heinrich: Recht der Abfallbeseitigung, Kommentar zum Abfallbeseitigungsgesetz, Bd. 1, Loseblattsammlung, Stand 1983, Berlin.

Hümbs-Krusche, Margret / *Krusche*, Matthias: Die strafrechtliche Erfassung von Umweltbelastungen — Strafrecht als ultima ratio der Umweltpolitik, Stuttgart 1984.

Ihering, Rudolph von: Der Zweck im Recht I, 4. Aufl., Leipzig 1904.

Jakobs, Günther: Strafrecht, Allgemeiner Teil, Berlin, New York 1983.

Janicki, Hubertus: Keine Strafbarkeit von Verkehrsverstößen gegen durch amtliche Verkehrszeichen getroffene „rechtswidrige" Anordnungen, JZ 1968, 94.

Jesch, Dietrich: Die Bindung des Zivilrichters an Verwaltungsakte, Erlangen 1956.

Jescheck, Hans-Heinrich: Lehrbuch des Strafrechts, Allgemeiner Teil, 3. Aufl., Berlin 1978.

Kääb, Artur / *Rösch*, Walter: Bayerisches Landesstraf- und Verordnungsgesetz, 2. Aufl., München 1967.

Karpen, Hans-Ulrich: Die Verweisung als Mittel der Gesetzgebung, Berlin 1970.

Kaufmann, Armin: Tatbestandsmäßigkeit und Verursachung im Contergan-Verfahren, JZ 1971, 569.

— Rechtspflichtbegründung und Tatbestandseinschränkung, Festschrift für Klug zum 70. Geburtstag, Bd. II, hrsgg. von Kohlmann, Köln 1983, S. 277.

Kaufmann, Arthur: Unrecht und Schuld beim Delikt der Volltrunkenheit, JZ 1963, 425.

— Subsidiaritätsprinzip und Strafrecht, Festschrift für Henkel zum 70. Geburtstag, hrsgg. von Roxin u. a., Berlin, New York 1974, S. 89.

Kimminich, Otto: Atomrecht, München 1974.

Kohlhaas, Max: Der Irrtum über das Vorliegen oder Nichtvorliegen von persönlichen Strafausschließungsgründen, ZStW 70, 217.

Kohlrausch, Eduard / *Lange*, Richard: Strafgesetzbuch mit Erläuterungen und Nebengesetzen, 43. Aufl., Berlin 1961.

Kormann, Karl: Literaturbericht: Stein, Grenzen und Beziehungen zwischen Justiz und Verwaltung, AöR 30, 255.

Krause, Friedrich-W.: Die objektive Bedingung der Strafbarkeit, Jura 1980, 449.

Krümpelmann, Justus: Die Bagatelldelikte, Berlin 1966.

Kübler, Karl: Zur rechtlichen Problematik grenzüberschreitender Mineralölfernleitungen, DÖV 1968, 308.

Küper, Wilfried: Der „verschuldete" rechtfertigende Notstand, Berlin 1983.

Lackner, Karl: Strafgesetzbuch mit Erläuterungen, 15. Aufl., München 1983.

Lagemann, Hans-Georg: Der Ungehorsam gegenüber sanktionsbewehrten Verwaltungsakten, Dissertation Münster 1978.

Larenz, Karl: Methodenlehre der Rechtswissenschaft, 4. Aufl., Berlin, Heidelberg, New York 1979.

Laufhütte, Heinrich / *Möhrenschlager*, Manfred: Umweltstrafrecht in neuer Gestalt, ZStW 92, 912.

Leipziger Kommentar, Strafgesetzbuch, 9. Aufl., bearbeitet von Baldus und Willms, Berlin, New York 1974; 10. Aufl., bearbeitet von Jescheck, Ruß, Willms, Berlin, New York 1978 ff. (zit. Bearbeiter LK).

Lenckner, Theodor: Notwehr bei provoziertem und verschuldetem Angriff, GA 1961, 299.

— Wertausfüllungsbedürftige Begriffe im Strafrecht und der Satz „nulla poena sine lege", JuS 1968, 249, 304.

— / *Schumann*, Heribert / *Winkelbauer*, Wolfgang: Grund und Grenzen der strafbefreienden Selbstanzeige im Steuerrecht und das Wiederaufleben der Berichtigungsmöglichkeiten im Fall der Außenprüfung (2. Teil), wistra 1983, 172.

Lenzen, Karl: Zuständigkeit für das Strafrecht kraft Sachzusammenhangs, JR 1980, 133.

Lohberger, Ingram Karl: Blankettstrafrecht und Grundgesetz, Dissertation München 1968.

Lorenz, Dieter: Die Folgepflicht gegenüber rechtswidrigen Verwaltungsakten und die Strafbarkeit des Ungehorsams, DVBl. 1971, 165.

Löwer, Wolfgang: Rechtspolitische und verfassungsrechtliche Bedenken gegenüber dem Ersten Wirtschaftskriminalitätsgesetz, JZ 1979, 621.

Lüderssen, Klaus: Erfolgszurechnung und „Kriminalisierung", Festschrift für Bockelmann zum 70. Geburtstag, hrsgg. von Arthur Kaufmann, München 1978, S. 183.

Mahlmann, W.: Ermessen, Beurteilungsspielraum und Beweislastverteilung im atomrechtlichen Genehmigungsverfahren, Erstes Deutsches Atomrechts-Symposium 1972 in Münster. Referate und Diskussionsberichte hrsgg. von Rudolf Lukes, Köln, Berlin, Bonn, München 1973, S. 269.

Maihofer, Werner: Umweltschutz durch Strafrecht, Gesellschaft für Umweltrecht, Dokumentation zur wissenschaftlichen Fachtagung der Gesellschaft für Umweltrecht, Berlin 1980, S. 118.

Mattern, K. H. / *Raisch*, Peter: Atomgesetz, Kommentar, München 1961.

Maunz, Theodor / *Dürig*, Günter / *Herzog*, Roman / *Scholz*, Rupert: Grundgesetz, Kommentar, Loseblattsammlung, Stand: 1983, München.

Maurach, Reinhart / *Schroeder*, Friedrich-Christian: Strafrecht, Besonderer Teil, Teilband 2, 6. Aufl., Heidelberg, Karlsruhe 1981.

— / *Zipf*, Heinz: Strafrecht, Allgemeiner Teil, Teilband 1, 6. Aufl., Heidelberg 1983.

Mezger, Edmund: Strafrecht, 3. Aufl., Berlin, München 1949.

Mohrbotter, Kurt: Bindung des Strafrichters an das Handeln der Verwaltung?, JZ 1971, 213.

Möhrenschlager, Manfred: Kausalitätsprobleme im Umweltstrafrecht des Strafgesetzbuches, Wirtschaft und Verwaltung 1984, 47.

Müller-Stahel, Hans-Ulrich: Ziele und Methoden des rechtlichen Umweltschutzes auf lange Sicht, Schweizerisches Umweltstrafrecht, hrsgg. von Müller-Stahel, Zürich 1973, S. 532.

Münzberg, Wolfgang: Verhalten und Erfolg als Grundlagen der Rechtswidrigkeit und Haftung. Frankfurt/Main 1966.

Nadler, Hermann: Zur Informationskrise auf dem Gebiete des Rechts, JZ 1977, 296.

Neumann, Oskar: Das Blankostrafgesetz, Str.Abh. 87, Breslau 1908.

Noll, Peter: Strafrechtlicher Umweltschutz, Schweizerisches Umweltstrafrecht, hrsgg. von Müller-Stahel, Zürich 1973, S. 393.

Oetker, Friedrich: Die gesetzlichen Merkmale in Haupt- und Nebenfrage, GS 64, 55.

v. *Olshausen's*, Kommentar zum Strafgesetzbuch, 12. Aufl., bearbeitet von Freiesleben, Hörchner, Kirchner, Niethammer, Berlin 1942.

Ossenbühl, Fritz: Die verfassungsrechtliche Zulässigkeit der Verweisung als Mittel der Gesetzgebungstechnik, DVBl. 1967, 401.

Ostendorf, Heribert: Die strafrechtliche Rechtmäßigkeit rechtswidrigen hoheitlichen Handelns, JZ 1981, 165.

— Das Geringfügigkeitsprinzip als strafrechtliche Auslegungsregel, GA 1982, 333.

Otto, Harro: Strafwürdigkeit und Strafbedürftigkeit als eigenständige Deliktskategorien? Überlegungen zum Deliktsaufbau, Gedächtnisschrift für Schröder, hrsgg. von Stree u. a., München 1978, S. 53.

Papier, Hans-Jürgen: Gewässerverunreinigung, Grenzwertfeststellung und Strafbarkeit, Köln, Berlin, Bonn, München 1984.

Peters, Hans / *Ossenbühl,* Fritz: Die Übertragung von öffentlich-rechtlichen Befugnissen auf die Sozialpartner unter besonderer Berücksichtigung des Arbeitszeitschutzes, Berlin, Frankfurt 1967.

Rabl, Kurt O.: Der Gefährdungsvorsatz, Str.Abh. 312, Breslau-Neukirch 1933.

Rey, Heinz: Genereller Immissionsschutz, Schweizerisches Umweltstrafrecht, hrsgg. von Müller-Stahel, Zürich 1973, S. 193.

Rogall, Klaus: Das Gesetz zur Bekämpfung der Umweltkriminalität (18. Strafrechtsänderungsgesetz), JZ-GD 1980, 101.

Roxin, Claus: Die provozierte Notwehrlage, ZStW 75, 497.

— Wandlungen der Strafrechtswissenschaft, JA 1980, 221.

Rüdiger, Wolfgang: Zur Bekämpfung sozialgefährlicher Umweltverstöße durch das Kriminalstrafrecht, Dissertation Gießen 1978.

Rudolphi, Hans-Joachim: Schutzgut und Rechtfertigungsprobleme der Gewässerverunreinigung i. S. des § 324 StGB, ZfW 1982, 197.

— Probleme der strafrechtlichen Verantwortlichkeit vom Amtsträgern für Gewässerverunreinigungen, Festschrift für Dünnebier zum 75. Geburtstag, hrsgg. von Hanack u. a., Berlin, New York 1982, S. 561.

— Primat des Strafrechts im Umweltschutzrecht?, NStZ 1984, 193, 248.

Rüping, Hinrich: Die Gnade im Rechtsstaat, Festschrift für Schaffstein zum 70. Geburtstag, hrsgg. von Grünwald u. a., Göttingen 1975, S. 31.

Sack, Hans-Jürgen: Umweltschutz-Strafrecht, Kommentar, Loseblattsammlung, Stand 1984, Stuttgart, Berlin, Köln, Mainz.

Salzwedel, Jürgen: Bericht über das 194. Kolloquium des Instituts für das Recht der Wasserwirtschaft an der Universität Bonn am 8. Dezember 1978, ZfW 1980, 205.

Sax, Walter: Grundsätze der Strafrechtspflege, Die Grundrechte, 3. Bd., hrsgg. von Bettermann/Nipperdey/Scheuner, 2. Aufl., Berlin 1972, S. 909.

— „Tatbestand" und Rechtsgutsverletzung (I), JZ 1976, 9.

Schenke, Wolf-Rüdiger: Strafbarkeit der Zuwiderhandlung gegen einen sofort vollziehbaren, nachträglich aufgehobenen strafbewehrten Verwaltungsakt, JR 1970, 449.

Schild, Wolfgang: Umweltschutz durch Kriminalstrafrecht?, Jur. Blätter 1979, 12.

— Probleme des Umweltstrafrechts, Jura 1979, 421.

Schittenhelm, Ulrike: Probleme der umweltgefährdenden Abfallbeseitigung nach § 326 StGB, GA 1983, 310.

Schlüchter, Ellen: Anmerkung zu BGHSt 28, 231, JR 1979, 514.

— Zum „Minimum" bei der Auslegung normativer Merkmale im Strafrecht, NStZ 1984, 300.

Schmidhäuser, Eberhard: Objektive Strafbarkeitsbedingungen, ZStW 71, 545.

Schönke/Schröder: Strafgesetzbuch, Kommentar, 21. Aufl., bearbeitet von Lenckner, Cramer, Eser, Stree, München 1982.

Schröder, Horst: Der Begriff der „gesetzlichen Unterhaltspflicht" in § 170 b StGB, JZ 1959, 346.

— Die Gefährdungsdelikte im Strafrecht, ZStW 81, 7.

Schroeder, Friedrich-Christian: Schutz von Staat und Verfassung im Strafrecht, München 1970.

— Die Gefährdungsdelikte, Deutsche strafrechtliche Landesreferate zum XI. Internationalen Kongreß für Rechtsvergleichung, hrsgg. von Jescheck, Berlin, New York 1982, S. 1.

Schünemann, Bernd: Moderne Tendenzen in der Dogmatik der ... Gefährdungsdelikte, JA 1975, 787.

Schwabe, Jürgen: Das Verbot mit Erlaubnisvorbehalt, Jus 1973, 133.

Sieder, Frank / *Zeitler*, Herbert: Wasserhaushaltsgesetz, Kommentar, Bd. I, Loseblattsammlung, Stand 1983, München.

Stelkens, Paul / *Bonk*, Heinz-Joachim / *Leonhardt*, Klaus: Verwaltungsverfahrensgesetz, 2. Aufl., München 1983.

Stern, Klaus: Die Bindungswirkung von Verkehrszeichen im Ordnungswidrigkeitsverfahren, Festschrift für R. Lange zum 70. Geburtstag, hrsgg. von Warda u. a., Berlin, New York 1976, S. 859.

— Das Staatsrecht der Bundesrepublik Deutschland, Bd. I, 2. Aufl., München 1984; Bd. II, München 1980.

Stich, Rudolf: Personale Probleme des Vollzugsdefizits in der Umweltschutzverwaltung, Festschrift für Ule zum 70. Geburtstag, hrsgg. von König u. a., Köln, Berlin, Bonn, München 1977, S. 215.

— Bundesimmissionsschutzrecht des Bundes und der Länder, Kommentar zum BImSchG unter Mitarbeit von K. W. Porger, Loseblattsammlung, Stand 1983, Stuttgart, Berlin, Köln, Mainz.

Stratenwerth, Günter: Objektive Strafbarkeitsbedingungen im Entwurf eines Strafgesetzbuches 1959, ZStW 71, 565.

Strauss, Dieter: Verstöße gegen amtliche Verkehrszeichen, DAR 1979, 92.

Stree, Walter: In dubio pro reo, Tübingen 1962.

Systematischer Kommentar zum Strafgesetzbuch, Loseblattsammlung, Bd. 1: Stand 1984, Bd. 2: Stand 1984, bearbeitet von Rudolphi, Horn, Samson, Frankfurt/Main (zit. Bearbeiter SK).

Tiedemann, Klaus: Die Gesetzgebungskompetenz für Ordnungswidrigkeiten, AöR 89 (1964), 56.

— Tatbestandsfunktion im Nebenstrafrecht, Tübingen 1969.

— Grundfragen bei der Anwendung des neuen Konkursstrafrechts, NJW 1977, 777.

— Kartellrechtsverstöße und Strafrecht, Köln, Berlin, Bonn, München 1976.
— Die Neuordnung des Umweltstrafrechts, Berlin, New York 1980.

Triffterer, Otto: Die Rolle des Strafrechts beim Umweltschutz in der Bundesrepublik Deutschland, ZStW 91, 309.
— Umweltstrafrecht, 1. Aufl., Baden-Baden 1980.

Vogel, Hans-Joachim: Zum Umweltrecht der Bundesrepublik Deutschland, ZRP 1980, 179.

Volz, Manfred: Unrecht und Schuld abstrakter Gefährdungsdelikte, Dissertation Göttingen 1968.

Warda, Heinz-Günter: Die Abgrenzung von Tatbestands- und Verbotsirrtum bei Blankettstrafgesetzen, Berlin 1955.
— Dogmatische Grundlagen des richterlichen Ermessens im Strafrecht, Köln, Berlin, Bonn, München 1962.

Weidenbach, Peter: Die verfassungsrechtliche Problematik der Blankettstrafgesetze, Dissertation Tübingen 1965.

Wernicke, Konrad: Das neue Wasserstrafrecht, NJW 1977, 1662.

With, Hans de: Das neue Umweltstrafrecht, Recht und Politik 1980, 33.

Wolff, Hans J. / *Bachof*, Otto: Verwaltungsrecht I, 9. Aufl., München 1974.

Wolter, Jürgen: Objektive und personale Zurechnung von Verhalten, Gefahr und Verletzung in einem funktionalen Straftatsystem, Berlin 1981.

Zeitler, Stefan: Die strafrechtliche Haftung für Verwaltungsentscheidungen nach dem neuen Umweltstrafrecht. Dargestellt an dem § 324 StGB, Dissertation Tübingen 1982.

Printed by Libri Plureos GmbH
in Hamburg, Germany